München und das Bier

Astrid Assél & Christian Huber

München und das Bier

Auf großer Biertour
durch 850 Jahre Braugeschichte

Volk Verlag München

Umschlagabbildungen
Vorderseite: Schäfflerei in der Pschorrbrauerei, nach 1933 (Hacker-Pschorr Bräu GmbH)
Rückseite: Löwenbräukeller am Stiglmaierplatz, 1885 (Stadtarchiv München)
Ausschnitt aus dem Plan zur Biertour; Grundlage: „Plan der Haupt und Residenzstadt München"
von Johann Carl Schleich, 1806 (Münchner Stadtmuseum)

Die Deutsche Bibliothek verzeichnet diese Publikation in der Deutschen Nationalbibliografie;
detaillierte bibliografische Daten sind im Internet über http://dnb.ddb.de abrufbar.

Streitfeldstraße 19; 81673 München
Tel.: 0 89/420 79 69 80; Fax: 0 89/420 79 69 86

Druck: Advantage Printpool, Gilching

ISBN 978-3-937200-59-0
www.volkverlag.de

Inhalt

Inhalt

Die Marken der größern Münchener Braüereien ü: deren
Malzverbrauch im Süd-Jahre 1890:91
nach der Züsammen- -stellung der Königl-haupt-
amtlichen Aufschlag-Ein- =nehmerei in München

Vorwort

„Weltstadt des Bieres“ – unter dieser Bezeichnung kennt nahezu jeder unsere Bayerische Landeshauptstadt. Und auch wir wussten immer schon die kostbaren Momente in den traditionsreichen Gaststätten der Innenstadt zu schätzen, wenn die Kellnerin das erste kühle Weißbier an den Tisch bringt. Hier sind wir schon ganz einzigartigen Menschen aus aller Herren Länder begegnet, so zum Beispiel dem „Ofa-Hansi“ aus Zorneding, der den Ofen im Weißen Bräuhaus gesetzt hat, oder einem irischen „Greenkeeper“, der speziell für die Pflege von Kricket-Rasen ausgebildet war.

In vielen solchen Lokalen fanden wir Hinweise auf eine Brauvergangenheit des betreffenden Hauses, und so wuchs unser Interesse zu erfahren, wie sich überhaupt das Brauwesen in München bis heute entwickelt hatte. Doch wider Erwarten existierte in den einschlägigen Buchläden hierzu praktisch keinerlei weiterführende Literatur. Erst in Antiquariaten konnten wir vergriffene, wissenschaftliche Abhandlungen über die Entwicklung des Brauwesens im Mittelalter, des Werdegangs der Löwen-, Spaten- und Hacker-Pschorr-Brauerei – um nur einige zu nennen – entdecken.

Bei unserer weiteren Recherche muss als besondere Inspiration Dr. Helmuth Stahleders „Älteres Häuserbuch der Stadt München“ hervorgehoben werden. Es wurde kurz vor der 850-Jahrfeier der Stadtgründung Münchens veröffentlicht und verfolgt die Besitzverhältnisse der Häuser in der sogenannten „Inneren Stadt“ von den ersten erhaltenen Grundbüchern aus dem Jahre 1572 zurück bis zur Mitte des 14. Jahrhunderts. Jedoch konnten wir auf diese Weise nur eine Handvoll Brauereien ausfindig machen, denn die übrigen historischen Braustätten waren alle in der „Äußeren Stadt“ angesiedelt. Eine weitere wesentliche Quelle waren dann die Festschriften von Wolfgang Behringer für Löwen- und Spatenbräu, die detailliert die Entwicklung dieser Brauereien sowie ihrer späteren Fusionspartner darstellten.

Auffallend war für uns dabei unter anderem, dass diese und viele andere Historiker während der letzten Jahrzehnte zahlreiche vermeintlich überlieferte „Fakten“ bereits richtig gestellt hatten, ohne dass dies offenbar in der Öffentlichkeit zur Kenntnis genommen worden wäre. Behringer beschreibt treffend, dass bereits widerlegte Behauptungen zur Braugeschichte „nach dem Gesetz der Trägheit in populären Darstellungen zur Stadt- oder Braugeschichte fast ungebrochen weiterlebten." Wenn in Einzelfällen daher gewisse Details aus den Brauerei-Historien nach dem aktuellen Stand der Forschung richtig gestellt werden, so stellt dies keine Kritik an diesen Unternehmen dar. Vielmehr soll es unsere Hochachtung gegenüber den Münchner Brauern verdeutlichen, die über Jahrhunderte hinweg ihre Tradition bewahrten und so dem Münchner Bier den Stellenwert erarbeiteten, den heute jedermann zu schätzen weiß. Die noch aktiven Münchner Brauereien stellen die ältesten Gewerbebetriebe der Stadt dar, weshalb ihr Werdegang jeweils in einzelnen Kapiteln beschrieben wird. Darüber hinaus haben wir „Kurzbiografien" aller Brauereien, die jemals in München Bier brauten, in einem eigenen Verzeichnis angefügt.

Für uns, die wir selbst keine Historiker sind, ergab sich nun die Herausforderung, die Entwicklung des gesamten Münchner Brauwesens von der Gründung der Stadt bis zur Gegenwart im Kontext der jeweiligen gesellschaftlichen Rahmenbedingungen für den „interessierten Laien" abzubilden. Zunächst führten diese Arbeiten dazu, dass wir für unseren Freundeskreis eine „historische Biertour" durch München organisierten. Auf einem Rundgang innerhalb der alten Stadt gingen wir mit Erzählungen zur historischen Entwicklung des Brauwesens den Spuren der Braugeschichte im wahrsten Sinne des Wortes nach, und zwischendurch wurde natürlich auch immer wieder Bier verkostet, damit das Thema sich nicht allzu „trocken" gestaltete. Ziel war es, in der Stadt Plätze oder Hinweise aufzuzeigen, die an die Münchner Braugeschichte oder dafür wichtige historische Begebenheiten erinnern. Denn an solchen waren wir, obwohl wir schon so lange in München leben, auch selbst „hundertmal" vorbeigegangen, ohne sie richtig wahrzunehmen.

Nachdem wir die Biertour wegen der großen Nachfrage nun bereits mehrmals (durch-)geführt hatten, entstand die Idee zu diesem Buch. Es soll vor allem den gebürtigen Münchnern, aber auch den „Zuagroasten" (liebevoller Ausdruck für Neu- bzw. Wahl-Münchner) und allen sonstigen Liebhabern unserer Stadt als Anregung dienen, München mit seiner Brauhistorie mit bewussten Sinnen zu erleben. Deshalb ist dem Buch ein detaillierter Tourplan durch die Innenstadt beigefügt, da sich auf dieser Route die Entwicklung des Brauwesens mittels der vorhandenen steinernen Zeitzeugen besonders gut veranschaulichen lässt. Die angeführten Lokale verstehen sich dabei lediglich als eine persönliche Auswahl von passend auf dem Weg gelegenen Orten, an denen vor allem auch heute noch das Bier von Münchner Brauereien ausgeschenkt wird.

Denn wie erwähnt gilt unser Interesse nicht nur der Historie der Münchner Brauereien, sondern auch dem Konsum ihrer Produkte und damit den Gaststätten, Schwemmen und Gärten, in denen das Bier zum Ausschank kommt. Und wer jemals im Sommer die Urmünchner Einrichtung eines Biergartens besucht, wird feststellen, dass das Bild vom Anwalt, der im Anzug einträchtig neben dem Handwerker im Blaumann sitzt, tatsächlich der Realität entspricht. Die Süddeutsche Zeitung hat diese für die Münchner Lebensqualität so wichtige Institution trefflich beschrieben: „Alle achten hier sehr auf Qualität, ziehen sich gut an, fahren bayerische Autos, kennen den italienischen Feinkosthändler persönlich etc. Nur im Biergarten essen alle den gleichen Schmankerl-Schrott mit Kartoffelsalat aus dem Eimer und keiner stört sich daran."

Astrid Assél & Christian Huber

I Die Geschichte des Bierbrauens in München

Die Ursprünge des Bierbrauens

Vorhergehende Seite: Kellnerinnen des Hofbräuhauses am Platzl

Fotografie von 1921.

Die Geschichte des Brauwesens in München beginnt gemeinsam mit der Stadtgründung im Jahre 1158. Denn zu dieser Zeit war das Bier in Bayern bereits seit Langem bekannt, urkundlich belegt ist es spätestens seit dem neunten Jahrhundert. Die ersten Anfänge des Bierbrauens reichen allerdings noch wesentlich weiter, nämlich bis ins früheste Altertum zurück. Die ältesten Belege für bierartige Getränke, die vermutlich aus vergorenem Brot hergestellt wurden, stammen aus Mesopotamien und Ägypten von etwa 3500 v. Chr.

Während im römischen Imperium Bier („cervisia", nach Ceres, der Göttin der Feldfrüchte, benannt) nur eine untergeordnete Bedeutung hatte, da fast ausschließlich Wein getrunken wurde, war in Germanien und Mitteleuropa Bier bereits 1500 v. Chr. bekannt und wurde aus Fladenbrot gebraut. Da zu jener Zeit keine Verbindung von Kleinasien nach Germanien belegbar ist, über die das Wissen um die Kunst des Brauens transportiert worden sein könnte, scheint sich auch hier das Bierbrauen – wie in anderen Regionen der Welt – eigenständig entwickelt zu haben. Der römische Geschichtsschreiber Tacitus beschrieb 98 n. Chr. die Germanen folgendermaßen: „Tag und Nacht durchzechen sie, und man könnte sie ebenso gut mit der Lieferung berauschender Getränke besiegen, wie durch die Gewalt der Waffen."

Altägyptische Plastik mit Darstellung der Bierherstellung

Vermutlich 3. Jahrtausend vor Christus.

Der Brauprozess unterschied sich in den wesentlichen Punkten kaum von der noch heute praktizierten Technik: Schon damals wurde das Getreide in Wasser geweicht, das Malz gedörrt und die Bierwürze gesotten. In Bayern ist das Bierbrauen erstmals durch eine Urkunde aus dem Jahre 815 gesichert, in der ein gewisser Huvezzi sich verpflichtete, neben anderen Abgaben auch eine Fuhre Bier an den Freisinger Bischof zu liefern.

Rekonstruktion einer mittelalterlichen Hausbraustube

In diesen „Rauchkuchln" gab es weder Fenster noch eine Abzugsvorrichtung für den Rauch.

Das Hausbrauen

Für die Zeit der Stadtgründung Münchens kann ein Hausbraurecht als gesichert angenommen werden, wenngleich entsprechende schriftliche Quellen aus jener Zeit fehlen. Wie das Brotbacken gehörte das Brauen zu den Pflichten der Hausfrau, Bier zählte zu den Grundnahrungsmitteln. Jeder kennt wohl den Spruch vom Rumpelstilzchen: „Heute back' ich, morgen brau' ich, ...". Da die Qualität des Trinkwassers im Mittelalter miserabel war, wurde im Allgemeinen nur Vergorenes getrunken. Durch den Brauvorgang und vor allem durch die Zugabe von Hopfen war das Bier relativ keimarm, sodass es selbst von Kindern getrunken wurde. Es war allerdings wesentlich alkoholärmer als die heute bekannten Vertreter des Gerstensaftes. Anstelle eines Frühstücks wurde für die damalige Zeit die Einnahme eines Warmbiers beschrieben, das am Morgen unter Zugabe von Ei, Muskatnuss und Ingwer zubereitet wurde und auch als Hausmittel galt. Im Münchner Bier- und Oktoberfestmuseum kann eine anschauliche Rekonstruktion einer solchen „Hausbraustube" besichtigt werden.

Eine gewerbliche Bierproduktion in Form richtiger Brauereien gab es in dieser Frühphase nicht. Anders als vielfach berichtet wird, kann für diese Zeit auch in den Klöstern noch keine wirklich nennenswerte Brautätigkeit nachgewiesen werden (Gattinger). Bis ins hohe Mittelalter war die Bierproduktion eingebunden in das vorherrschende Feudalsystem. Die abhängigen Bauern lieferten Bier ebenso wie Feldfrüchte oder Vieh als Bestandteil ihrer Abgaben an die Gutsherren, zu denen in großer Zahl auch die Klöster zählten. Eine eigene Bierproduktion war für diese somit weder zwingend notwendig noch sinnvoll. „Trotz eingehender Untersuchung klösterlicher Überlieferungen konnte bisher für die Zeit vor 1200 für keines der bayerischen Klöster eine umfangreiche Brautätigkeit nachgewiesen werden". (Gattinger)

Das Kloster Weihenstephan bei München nimmt für sich in Anspruch, die „älteste Brauerei der Welt" zu sein. Dazu wird oftmals eine Urkunde des Freisinger Bischofs Otto I. aus dem Jahre 1146 angeführt, mit der dem Kloster das Schank-

und Braurecht verliehen worden sei. Leider konnte dieses Dokument bereits 1979 von Uhl überzeugend als spätere Fälschung der Mönche aus dem 17. Jahrhundert nachgewiesen werden, die sich damit offenbar gegenüber dem Bischof in eine bessere Position zu bringen versuchten.

Bier aus Münchens Klöstern und Spitälern

Erst ab dem 13. Jahrhundert wurden die Naturalleistungen der Bauern zunehmend in Geldabgaben umgewandelt, wodurch auch in den Klöstern eigene Brauereien zur Versorgung mit Bier benötigt wurden. Explizite Braurechte, das heißt ausdrücklich vom Herzog gewährte Braugenehmigungen zur Aufbesserung der klösterlichen Finanzen, sind 1321 zeitgleich für die Klöster im niederbayerischen Metten und Niederalteich belegt. (Gattinger)

Parallel hierzu kam es zu einem merklichen wirtschaftlichen Aufschwung der mittelalterlichen Städte, vor deren Toren nun häufig Spitäler zur Versorgung der Kranken und Bedürftigen eingerichtet wurden. In München wurde bereits 50 Jahre nach der Stadtgründung vor dem Talburgtor (heute Turm des alten Rathauses) das Heiliggeistspital errichtet. Lag es bei seiner Gründung noch vor den Toren der Stadt, so wurde es 100 Jahre später im Zuge der ersten Stadterweiterung, die zungenförmig vom Talburgtor bis zur Hochbrücke mit dem gleichnamigen Tor reichte, „eingemeindet“.

Neben der Pflege von Kranken und Infizierten wurde das Spital Auffangbecken für Bedürftige aller Art und zu deren Versorgung mit zahlreichen Privilegien ausgestattet, so zum Beispiel einem Asylrecht sowie einer Beteiligung an den Salzzolleinkünften. Von Herzog Ludwig II., dem Strengen (reg. 1253–1294), wurde ihm 1286 das Brau- und Schankrecht verliehen und zugleich eine Befreiung von den sonst hieraus üblichen Abgaben erteilt.

Kloster Metten

Kupferstich von Michael Wening, 1726.

Heiliggeistspital

Der Hof des Heiliggeistspitals mit Viktualienmarkt

Ölgemälde von Domenico Quaglio, 1824.
Das hohe Gebäude links am Bildrand ist die spitaleigene Brauerei.

Über die Zeit entwickelte sich im Heiliggeistspital ein reger Betrieb aus der Braugerechtigkeit, denn das Bier galt zeitweise als das beste der Stadt. Im Jahre 1789 versorgte die spitaleigene Brauerei neben den Beschäftigten und Bedürftigen des Spitals etwa 150 regelmäßige Stammgäste mit dem wohlschmeckenden Gebräu. Das Brauhaus lag zusammen mit anderen Wirtschaftsgebäuden am südwestlichen Ende des weitläufigen Spitalgeländes direkt an der Stadtmauer, die von der heutigen Westenriederstraße aus das südliche Gelände begrenzte.

Die Ära der Brauerei des Heiliggeistspitals endete 1807 abrupt, als das Spital der Säkularisation zum Opfer fiel. Zunächst wurde der Münchner „Eier- und Kräutlmarkt" in den noch gänzlich umschlossenen, aber bereits von einigen Gebäuden befreiten Hof des Spitals verlegt. Dieser Markt wurde zum Vorläufer des heutigen Viktualienmarktes, dessen 200-jähriges Bestehen daher im Jahre 2007 gefeiert wurde. Er war zuvor für sieben Jahre vom Marienplatz, wo er seit 1365 nachweisbar war, auf den Platz um die Peterskirche ausgelagert worden. Nach und nach fielen die Spitalgebäude der fortschreitenden Erweiterung des Marktes zum Opfer, wobei das Bräuhaus im Jahre 1828 abgebrochen wurde. Das eigentliche Spital wurde in das leerstehende Kloster der Elisabethinen in der Mathildenstraße und später in das neu errichtete Altenheim am Dom-Pedro-Platz verlegt. Die letzten Spitalgebäude wurden 1885 abgerissen, sodass heute nichts mehr an diese uralte Münchner Sozialeinrichtung oder ihre Brauerei erinnert– mit Ausnahme der Heiliggeistkirche. Diese sollte ursprünglich ebenfalls zerstört werden, was aber durch den vehementen Einspruch von Bürgern und Geschäftsleuten verhindert wurde. ◙

20 Jahre nach Verleihung des Braurechts an das Heiliggeistspital wurde dieses Recht auch den Klarissinnen-Nonnen zugestanden, die den Franziskaner-Mönchen (nach deren Umzug auf den heutigen Max-Joseph-Platz) in das älteste Klos-

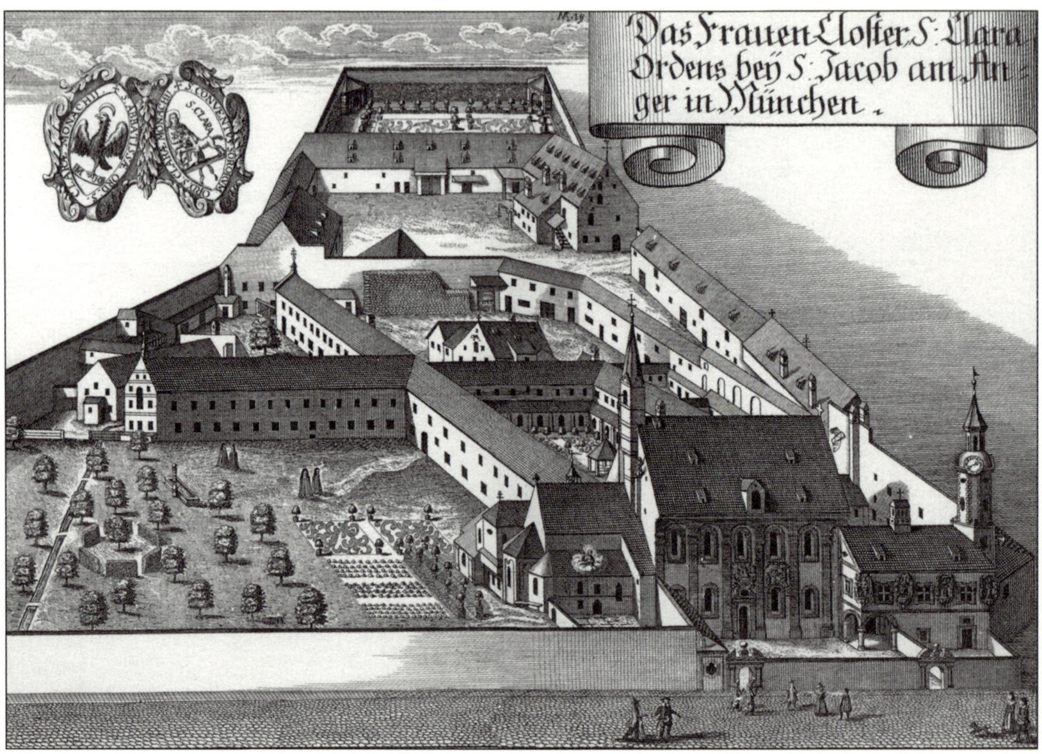

Klarissinnenkloster St. Jakob am Anger
Kupferstich von Michael Wening, um 1700.

ter Münchens, St. Jakob am Anger, nachgefolgt waren. Die Nonnen wurden sogar besonders privilegiert, da sie anders als sonst bei Klöstern üblich das Bier nicht nur für den Hausgebrauch brauen, sondern auch verkaufen durften. (H. Stahleder, Chronik, Bd. I) Und dies sogar dann, wenn ansonsten das Bierbrauen verboten war, was bei Getreidemangel öfters geschah, um die Versorgung mit Brot nicht zu gefährden.

Als nächstes folgte das Brau- und Schankrecht für das Kloster der Augustiner-Mönche, welches 1294 vor den alten Stadtmauern auf dem sogenannten Haberfeld gegründet worden war. Damit waren vor der alten Stadt vier große geistliche Komplexe errichtet worden, die allesamt die Berechtigung zum Bierbrauen hatten: Franziskanerkloster im Norden (Datum der Verleihung des Braurechts unbekannt), Heiliggeistspital im Osten, Klarissinnenkloster im Süden und Augustinerkloster im Westen.

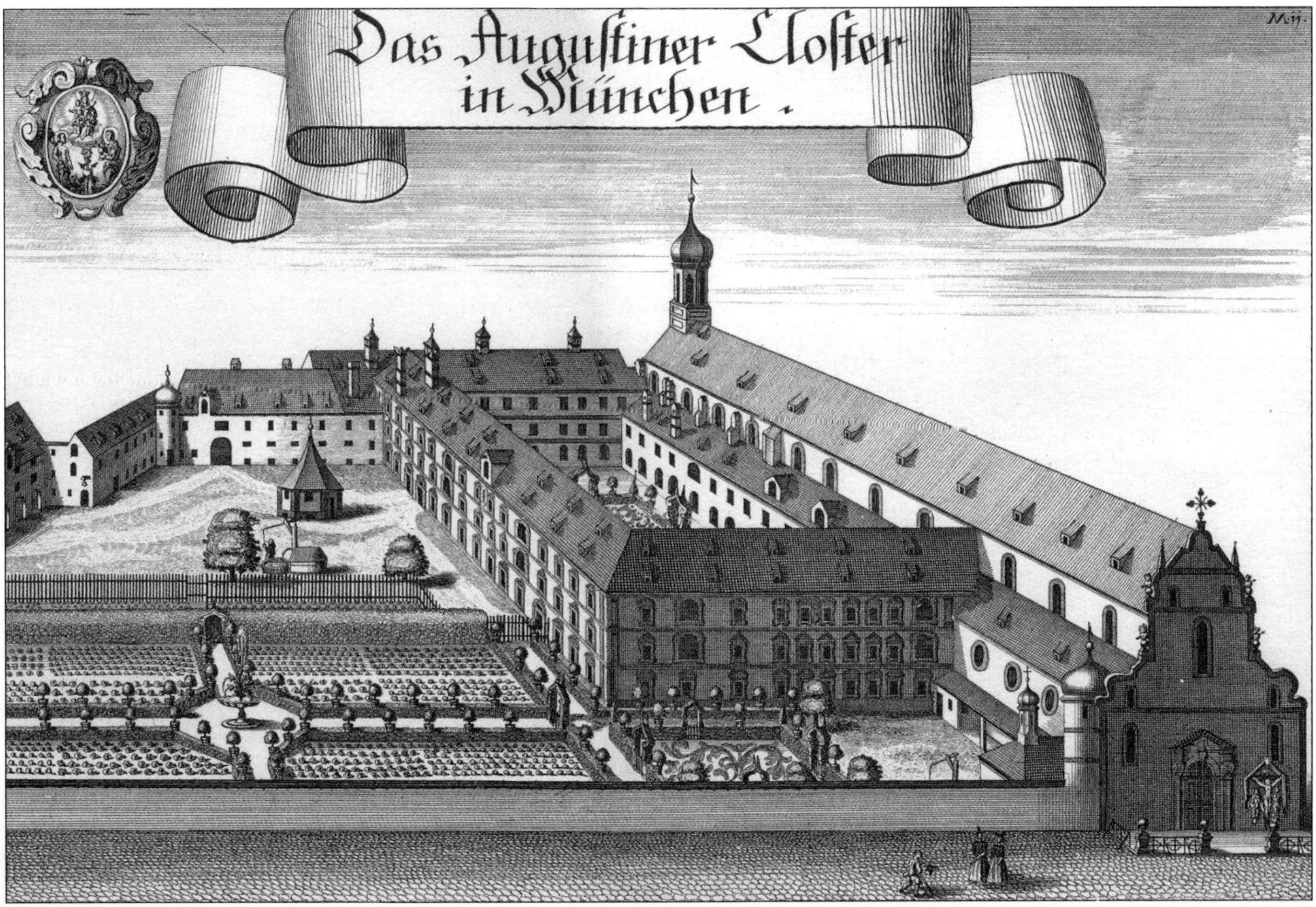

Augustinerkloster am Haberfeld

Kupferstich von Michael Wening, um 1700.

Die von der Augustinerbrauerei als Gründungsdatum der Braustätte angegebene Jahreszahl 1328 ist nicht exakt belegbar. Sie bezieht sich unter anderem auf eine historisch ungesicherte Nachricht, dass die Bäckerknechtsbruderschaft ein Jahr nach dem verheerenden Münchner Stadtbrand im Jahre 1327 ihren Versammlungsort vom abgebrannten Heiliggeistspital in die Bräustube des Augustinerklosters verlegt hätte. „Trotz der reichen Archivbestände, die sich im Kloster befanden, war es (...) auch den Augustinern im 18. Jahrhundert nicht mehr möglich, genaue Daten für das Bestehen des Bräuhauses zu ermitteln." (Hemmerle) Die Brauerei ist erst 1411 urkundlich eindeutig nachweisbar. Sie muss damit aber im 14. Jahrhundert schon länger in Betrieb gewesen sein, und auch in anderen Augustinerklöstern können schon zu Beginn des 14. Jahrhunderts Brauereien nachgewiesen werden. Daher ist das Jahr 1328 für München plausibel und stellt das offizielle Gründungsdatum dar. Das Thema von Datierungen von Brauereigründungen war in den letzten Jahrzehnten Gegenstand zahlreicher Untersuchungen und wird im weiteren Verlauf dieses Buches noch mehrmals Erwähnung finden.

Augustiner Bräu

Therese Wagner (1797–1858)
Ölgemälde, undatiert.

Im Zuge der Säkularisation wurde auch das Augustinerkloster 1803 aufgelöst, die Patres verteilte man zwangsweise als Weltgeistliche auf München und in der Kirche wurde eine Mauthalle eingerichtet. Die Brauerei wurde privatisiert und gelangte in die Hände von Georg Gröber und Baptist Lankes. Diese beiden Berufsfischer hatten zwar eigentlich 1809 die Braugerechtigkeit des ebenfalls säkularisierten Angerklosters ersteigert, nachdem der bayerische Staat den Vertrag mit dessen Pächter Georg Auer wegen Streitigkeiten über die Pachthöhe aufgelöst hatte. Der Rechtsstreit darüber zog sich jedoch über Jahre hin, sodass sie schließlich 1817 ersatzweise die Braugerechtigkeit des Augustinerklosters samt des sogenannten Möschenfelderhauses in der Neuhauser Straße 16 (zuvor 275, heute 27) als Braustätte erhielten. Da die neuen Besitzer die Brauerei zwar relativ gut führten, aber als gelernte Fischer doch fachfremd waren, vergaben die Behörden das Braurecht schließlich am 5. März 1829 an das Brauerehepaar Maria Theresia und Anton Wagner. Diese waren zuvor in Freising Betreiber des Hasüberbräus gewesen und mittels Getreidehandels und weiterer Unternehmen zu Vermögen gekommen, weshalb sie sich mit einem Brauhaus im aufstrebenden München der Königszeit verbessern wollten. Nach dem Tod ihres Mannes führte Maria Theresia Wagner (1797–1858) die Brauerei alleine weiter und schaffte es, den relativ kleinen Betrieb zu ihren Lebzeiten an die Schwelle zur Großbrauerei zu führen.

Sie zeigte sich aufgeschlossen für zahlreiche technische Neuerungen und vergrößerte das Anwesen um den benachbarten ehemaligen Unterkandlerbräu. Außerdem kaufte sie 1857 von dem Bankier Josef von Hirsch an der Landsberger Straße weit außerhalb der Stadt den sogenannten Butlerkeller. Auf dieses großzügig bemessene Areal konnte unter ihrem Sohn Joseph zwischen 1884 und 1890 der gesamte Braubetrieb verlagert werden, während die ehemalige Brauerei in der Innenstadt in die heute noch bestehende Großgaststätte umgebaut wurde. Die Initialen Joseph Wagners, der die Augustinerbrauerei in der zweiten Hälfte des 19. Jahrhunderts zu wirtschaftlicher Blüte führte, finden sich neben dem erwähnten „Gründungsdatum" 1328 bis heute im Logo der Brauerei.

Augustiner Bräu befindet sich als einzige Münchner Brauerei immer noch im Privatbesitz und gehört zu 51 Prozent der Edith-Haberland-Wagner-Stiftung, die

Die Augustinerbrauerei in der Landsberger Straße zur Jahrhundertwende

Zeichnung, um 1900. Der Brauereiumzug aus der Neuhauser Straße erfolgte unter dem Brauer Joseph Wagner. Sie war eine der letzten Großbrauereien, die aus den beengten Innenstadtverhältnissen an den damaligen Stadtrand zog. Der Braubetrieb wird heute noch an gleicher Stelle fortgeführt und ist die einzige original erhaltene Braustätte aus dem 19. Jahrhundert in München.

durch testamentarische Verfügung dieser letzten Angehörigen der Familie Wagner entstand. Neben der Errichtung des bereits erwähnten Bier- und Oktoberfestmuseums in der Sterneckerstraße ist diese gemeinnützige Stiftung vielfältig kulturell engagiert und stärkt unter anderem durch den konsequenten Verzicht auf Werbung das Bild einer bodenständigen Münchner Traditionsbrauerei. Dazu tragen auch die Beibehaltung der seit Jahrzehnten bekannten alten Euro-Glasflaschen sowie die Anlieferung des Oktoberfestbieres in den traditionellen Holzfässern bei. ◙

Weinland Bayern – Bierstadt München

Johannes Turmair, genannt Aventinus (1477–1534)

Holzschnitt von Hans Sebald Lautensack, 1543. Nach seinem Studium in Ingolstadt und verschiedenen anderen Universitäten erwarb Aventin den Titel „Magister der sieben freien Künste". Zwischen 1519 und 1521 verfasste er seine epochale Bayerische Chronik, die später vom Lateinischen auch ins Deutsche übersetzt wurde.

Etwa 100 Jahre nach der Stadtgründung Münchens endete die Zeit des freien Hausbrauens. Von den Sudstellen aus war es vermutlich mehrfach zu Bränden in der Stadt gekommen, sodass eine behördliche Überwachung der Braustätten nötig erschien. Demzufolge erfuhr das Brauwesen eine wesentliche Veränderung unter Herzog Ludwig II.: Dieser hatte wohl erkannt, dass sich im aufblühenden Brauwesen ein lukrativer Geschäftszweig auftat, an dem er in Form von Abgaben Teil haben konnte. Denn anders als in großen Teilen Bayerns, wo das Bier in wirtschaftlicher Hinsicht bis zum Ende des Hochmittelalters dem Wein weit unterlegen war, spielte es in München stets eine bedeutsame Rolle. Zwar ermöglichte das damals deutlich mildere Klima den Weinanbau in vielen bayerischen Regionen, vor allem in den Tälern von Donau, Isar und Inn, vereinzelt sogar bis ins Voralpenland hinein. Gerade an das Münchner Klima aber konnten sich die Reben scheinbar nicht recht gewöhnen, wohingegen Gerste und Hopfen seit Jahrhunderten hier im Umfeld prächtig gediehen.

Ab Beginn des 15. Jahrhunderts kam es dann in ganz Europa während der so bezeichneten „kleinen Eiszeit" zu einer merklichen Klimaabkühlung, speziell in den Jahren von 1570 bis 1630 traten strenge Winter und kühle, regnerische Sommer in Folge auf. Dadurch verschlechterten sich die Bedingungen für den regionalen Weinanbau drastisch. Der spätere bayerische Geheime Staatskanzler mit dem klangvollen Namen Wiguläus Xaver Alois Freiherr von Kreittmayr (1705–1790) spottete über den sauren Wein in seinem gesegneten Bayern, „wo der Essig, der anderswo mit großer Mühe bereitet werden muss, von selbst wächst". Dem Bier hingegen bescheinigte Kreittmayr sogar den Stellenwert eines „fünften Elements" in Bayern.

Dennoch wird immer wieder behauptet, dass in München bis zum Ende des 16. Jahrhunderts wesentlich mehr Wein als Bier getrunken worden sei. Als vermeintlicher Beleg für die Bedeutungslosigkeit des Bieres im Mittelalter und für ein damals reines „Weinland Bayern" wird oft ein Zitat von Johann Georg Turmair aus Abensberg, genannt Aventinus, herangezogen. Dieser beschreibe in seiner 1533 vollendeten Chronik den Bayern „Tag und Nacht bei dem Wein" sitzend, das Bier würde dabei mit keinem Wort erwähnt. Diese Trinkgewohnheiten mögen vielleicht sogar für die typischen Weinanbaugebiete seiner niederbayerischen Heimat gegolten haben. Die Textpassage stammt aber aus einem einzigen Satz, in dem Aventinus allgemein den Charakter des „gemeinen Mannes, der auf dem Lande sitzt", erläuterte. Die gesamte Chronik hingegen besteht aus insgesamt acht Büchern mit über 1.200 Kapiteln, in denen die Geschichte Bayerns von der Antike bis zur Gegenwart beschrieben wurde. Und ebenso wenig wie das Bier wurde hier der Met genannt, obwohl auch dieses alkoholische Getränk im Mittelalter sicher weit verbreitet war. Als historischer Beweis für eine fehlende Bedeutung des Bieres im mittelalterlichen München darf dieser Ausspruch jedenfalls nicht angesehen werden, dort war das Bier immer das eigentliche Alltagsgetränk. Johannes Turmairs Vater kaufte 1487 ein Brauhaus (!) in Abensberg am heutigen Stadtplatz, in dem Aventinus aufwuchs. 1509 wurde Aventinus an den Münchner Hof gerufen, um nach dem Tod von Herzog Albrecht IV., dem Weisen (reg. 1465–1508), dessen beide noch minderjährigen Söhne Ludwig und Ernst zu erziehen.

Generell ist es wohl falsch anzunehmen, weil über das Bier so wenig geschrieben wurde, sei es unwichtig gewesen. Vielmehr war es offenbar so weit verbreitet und „allgemein", dass man deshalb keinen Grund sah, darüber zu schreiben. (Sailer) Im Jahre 1917 erläuterte Otto Riedner den Stellenwert von Wein und Bier in München: „Sonstwo war das Bier in den letzten Jahrhunderten des Mittelalters von dem alles beherrschenden Wein wirklich zum Fuhrknecht und Bettelmann herabgedrückt worden. In München aber kam es nie zu solchen Hörigkeitsbeziehungen." Der Wein war hier das teurere, anspruchsvollere Getränk, und die von Neckar, Rhein, Tirol oder Oberitalien importierten Weine waren für den Durchschnittsbürger kaum erschwinglich. Während der Preis für die Mass Bier (die bayerische Mass entsprach 1,069 Liter) um 1300 zwischen 1/3 und 2/3 Pfennig lag, kostete zur gleichen Zeit die Mass Wein zwischen zwei Pfennige für die heimischen und bis zu vier Pfennige für die teuren Importweine. Ein Zimmerergeselle verdiente demgegenüber gerade einmal zwei bis vier Pfennige pro Tag, ein gelernter Zimmermann etwa das Dreifache. Daher spielte das Bier „im Mittelalter Münchens nicht eine bescheidene, sondern eine überragende Rolle in Wirtschaft und Gesellschaft". (E. Stahleder)

Das Braulehen

Spätestens unter der Regierungszeit Ludwigs des Strengen wurde die Ausübung des Brauens in München an eine Genehmigung des Herzogs geknüpft. Das Recht zu brauen wurde seither als sogenanntes „Regal" des Herzogs betrachtet. Regalien bezeichneten ursprünglich alle Hoheitsrechte und Güter eines Königs, welche diesem als Grundlage für die Ausübung seiner Herrschaft dienten. Dies waren zum Beispiel das Recht auf die Befestigung von Burgen oder das Recht an erblosen Gütern und Schätzen. Daneben zählten aber auch finanziell nutzbare Rechte zu den Regalien. Diese wurden zunächst temporär als Lehen auf Städte und Fürsten übertragen und gingen erst im Laufe der Zeit ganz auf jene über. Von besonderer Bedeutung für die bayerischen Herzöge waren das Markt-, Berg-, Münz-, Salz- und Zollregal. Sie bildeten im Mittelalter das Rückgrat des Finanzwesens, und ihre Verleihung wurde von den Herzögen auch oftmals als politisches Macht- und Druckmittel gehandhabt.

Zunftfahne der Münchner Brauer von 1819

Auf der Fahne abgebildet ist St. Bonifatius, einer der Schutzheiligen des Braugewerbes.

Ab diesem Zeitpunkt verlief die Entwicklung des Brauwesens in München völlig eigenständig im Vergleich zu anderen Regionen Bayerns. Ein allgemeines bürgerliches oder kommunales Braurecht wie in anderen Städten gab es hier nicht, stattdessen wurde das Recht zur gewerblichen Biererzeugung im Sinne eines hoheitlichen Vorbehaltsrechtes als Lehen an Einzelpersonen vergeben. Durch diesen Status war nicht die Stadt, sondern der herzogliche „Viztum" für die Brauer zuständig. Dieser war ein hochrangiger Beamter, der als Vertreter des Landesherrn vorwiegend für Finanzwesen und Gericht zuständig war. Später wurde die Aufsicht durch den Rentmeister übernommen, der die gesamten herzoglichen Einnahmen aus einem bestimmten Gebiet, dem sogenannten Rentamt, zu überwachen hatte. Dem

Markt- oder Schrannenplatz in München (heute Marienplatz)

Kupferstich von Michael Wening, um 1700

Stadtrat blieben nur geringfügige, vorwiegend polizeiliche Befugnisse bei der Überwachung der Brautätigkeiten. Erst ab 1561 wurde im „Albertinischen Rezess", der die Zuständigkeiten bezüglich der Rechtsprechung zwischen Stadt und Herzog neu regelte, die Braugerichtsbarkeit ganz der Stadt überlassen.

Die durch das Braulehen berechtigten Bürger waren im herzoglichen Bräuamt zusammengeschlossen, dem „officium praxationis". Dies war keine übergeordnete herzogliche Behörde, sondern die zwangsweise Organisation oder Korporation aller mit dem Braulehen ausgestatteten Personen. Nach außen wurde das Bräuamt von den sogenannten Vierern, also vier ausgewählten Brauern („Prewen"), vertreten; eine Zunft der Brauer gab es in München im Mittelalter nicht. Der Zugang zum Braugewerbe wurde nicht von der Stadt oder den Brauern selbst geregelt, sondern vom Landesherrn, dem Herzog. Erst ab Ende des 16. Jahrhunderts wurde das Bräuamt zunehmend als Handwerk bezeichnet, der Begriff Zunft wurde noch bis ins 18. Jahrhundert weitgehend vermieden.

Das Braurecht als herzogliche Einnahmequelle

Die älteste Urkunde, die den besonderen Status des Brauwesens in München belegt, ist das „Urbar" Herzog Ludwigs des Strengen aus dem Jahre 1280. Dieses auch Salbuch genannte Güterverzeichnis listete den kompletten Bestand des grundherrschaftlichen Besitzes sowie alle Abgaben daraus auf. Die nicht unbeträchtlichen Einkünfte aus dem Brauwesen wurden darin verwaltungstechnisch den Erträgen aus den weiteren klassischen Hoheitsrechten Münze, Gericht und Zoll zugeordnet. Hierin zeigt sich die erhebliche finanzielle und wirtschaftliche Bedeutung des Brauwesens, das später zusammen mit der Schweinemast und dem Salzmonopol von Kreittmayr zum „Bayrischen Kleeblatt mit den drei goldenen Blättern" gezählt wurde.

Im Urbar wurde vom Bräuamt als Entgelt für das Braulehen eine jährliche Abgabe in Höhe von 50 Pfund Pfennigen an den Herzog (ein Pfund oder Gulden entsprach 240 Pfennigen) zuzüglich sechs Pfund für den Viztum und zwei Pfund für den Stadtrichter festgelegt. Weiterhin musste das Bräuamt eine Malzabgabe von 32,5 Scheffeln (ein Scheffel entsprach 222 Litern) an den Herzog leisten, was etwa dem gesamten Jahresverbrauch des Münchner Heiliggeistspitals gleichkam. Für den herzoglichen Hof darf eine dem Spital vergleichbar große Anzahl zu versorgender Personen angenommen werden, sodass diese Abgaben dessen gesamten Bedarf deckten. Schließlich mussten für das Fest Mariä Reinigung oder Lichtmess am 2. Februar auch noch 40 Pfund Wachs abgegeben werden, zuzüglich wiederum sechs Pfund für den Viztum. Die Einkünfte aus dem Bräuamt wurden häufig von den Herzögen zur Schuldentilgung verpfändet, nachweislich zum Beispiel 1325 an den herzoglichen Armbrustschnitzer Johannes oder 1395 an das Heiliggeistspital.

Im mittelalterlichen Rechtsverständnis entsprach die Braugerechtigkeit einem „radizierten Realgewerbe". Dies bedeutete, dass die Ausübung des Braulehens zwingend an ein Grundstück mit Braustätte, Bierkeller sowie einer Schankwirtschaft gebunden, also „radiziert" (lat. radix, die Wurzel) war. Somit konnte das Handwerk des Brauens durch den Berechtigten nicht beliebig irgendwo in der Stadt ausgeübt werden, sondern ausschließlich auf dem ausgewiesenen Grundstück. Zweck der Realrechte, zu denen in München auch die Fleisch- und Brotbänke zählten, war es, die Grundversorgung der Bevölkerung durch leistungsfähige Betriebe dauerhaft sicherzustellen.

Vergleichbare Regelungen gab es auf dem Land für die sogenannten Ehaftsgerechtigkeiten Mühle, Bad, Schmiede und Taferne, die durch ein „Bannrecht" eine Art Konkurrenzschutz erhielten: Innerhalb eines bestimmten Gebietes durfte kein anderes derartiges Gewerbe ausgeübt werden, und die Einwohner waren verpflichtet, ihren Bedarf bei den „zugelassenen" Betrieben zu decken.

Durch die Knüpfung der Berechtigungen an Grundstücke konnten nicht beliebig viele Betriebe entstehen, sodass diese Art Monopolstellung einen ruinösen Wettbewerb ausschloss und damit die krisensichere Leistungsfähigkeit der einzelnen Betriebsstätten weitgehend gesichert war. Durch die limitierte Zahl der Braugerechtigkeiten erklärt sich auch, dass von den im Bräuamt zusammengeschlossenen Brauern eine stets gleichbleibende jährliche Abgabe an den Herzog erwartet wurde. Diese war zu einem sicheren Einnahmeposten der herzoglichen Finanzen geworden. Die „realen" Gewerberechte waren von ihrer Natur her vererbbar wie Güter, also wie reale Gegenstände, sie konnten außerdem verpachtet werden und wurden in aller Regel nicht vom Inhaber selbst, sondern von angestellten Dritten ausgeübt.

Das Patrizierbrauen

Mit dem Braurecht belehnte der Herzog zunächst Vertreter der obersten Schicht der Münchner Gesellschaft, da nur diese innerhalb der Stadt über ausreichend Grundbesitz zur Errichtung der Braustätten verfügten. Insgesamt wurden 21 Braugerechtigkeiten verliehen, wobei eine Urkunde vom 21. Januar 1363 mit den Namen von zwölf neu belehnten Patriziern überliefert ist. Allein elf von diesen waren Mitglieder des Stadtrats und vorwiegend als Kaufleute, Salz- oder Großhändler tätig. Diese finanzstarken Unternehmer erzielten also ihr Einkommen mittels ihrer jeweiligen lukrativeren Hauptberufe, wodurch sie offenbar in der Lage waren, sich neben anderen Privilegien auch noch das Bräuamt leisten zu können. Im Vergleich lagen ihre Steuersätze demzufolge auch wesentlich höher, als dies später je ein Brauer bis zum Ende des Mittelalters erreichte.

Nur von einer Handvoll der damals eingerichteten Bräustadel ist der Standort heute noch bekannt, die übrigen waren vermutlich in den Häusern der belehnten Patrizier untergebracht. Denkbar wäre allerdings auch, dass es überhaupt nur diese wenigen überlieferten Stadel gab und alle Brauberechtigten sie gemeinsam genutzt haben. In dieser Art war beispielsweise das Brauwesen im nahe gelegenen Landshut organisiert.

Der Schöne Turm von Osten gesehen. Detailansicht aus dem Stich „Der Marckh zu München" von Michael Wening, um 1700. Das westliche Tor der Inneren Stadt wurde 1239 erstmalig als porta superior erwähnt, später Kaufinger Tor. Wegen seiner Fresken auch Schöner Turm genannt, wurde es 1807 aus verkehrstechnischen Gründen abgerissen. Der älteste bekannte Bräustadel Münchens lag im Hinterhof des Gebäudes, das direkt rechts an das Tor angrenzte.

Die ersten Münchner Bräustadel

Der älteste nachweisbare Bräustadel befand sich an der inneren Stadtmauer direkt rechter Hand des Schönen Turms, dem westlichen Tor der alten Stadt. Diese Braustätte gehörte gemeinsam Hanns Schiet, einem der 1363 neu belehnten Patrizier, einem gewissen Schemel und Jacob Freymanner.

Durch H. Stahleders Aufarbeitung der Steuer- und Gerichtsbücher der Stadt München aus dieser Zeit können wir uns von Letzterem ein relativ gutes Bild machen: Sein Geld verdiente Freymanner vorwiegend als Weinhändler, zudem waren ihm von Ludwig dem Brandenburger (reg. 1347–1361), einem Sohn Kaiser

Ludwigs des Bayern, Schürfrechte für die Bergwerke des Oberinntales verliehen worden. Über viele Jahre war er Mitglied des Stadtrates sowie Hochmeister des Heiliggeistspitals. Spätestens seit 1335 besaß er zusammen mit Hanns Schiet das oben erwähnte Grundstück mitsamt dem Bräustadel. Nachdem Kaiser Ludwig der Bayer (reg. 1294–1347) die bereits unter seinem Vater Ludwig dem Strengen begonnene Stadterweiterung auf die Größe der heutigen Innenstadt abgeschlossen hatte, wurden die Mauern der vormaligen „Inneren Stadt" abgetragen und der Stadtgraben bis auf ein kleines Rinnsal zugeschüttet. Im Jahre 1346 verlieh der Kaiser Jacob Freymanner dieses an seinen Besitz angrenzende, neu geschaffene Grundstück, welches vom „Schönen Turm" auf dem ehemaligen Graben bis zur Löwengrube reichte. Allerdings erhielt er die strikte Auflage, auf der zum Kloster der Augustiner gerichteten Seite „kein Bau aus Holz oder Gemäuer" zu errichten. Das war den Klosterbrüdern offenbar so wichtig, dass sie sich dieses Verbot von den nachfolgenden Herzögen gleich mehrmals bestätigen ließen. Doch wie auch später noch oft in der Chronik der Stadt München zu lesen ist, wurde die eigentlich klare Rechtslage von Freymanner und seinen Erben eher frei „interpretiert", gemäß dem in München wohl schon von jeher verbreiteten Grundsatz „a bisserl was geht immer". Denn trotz aller Einwände der Mönche und Verbote des Stadtrates wurde die Bebauung des Grabens letztlich einfach durchgeführt und hat bis heute Bestand. Vielleicht wurde deshalb von den späteren Besitzern des Grundstücks als moralische Wiedergutmachung im Jahre 1516 den Augustinern die Errichtung eines überdachten Steges über den verbliebenen Stadtgraben erlaubt, um von diesem aus ihre Notdurft in den darunter verlaufenden Bach zu verrichten. Dieser komfortable „Donnerbalken" ist noch gut auf dem Sandtner-Modell der Stadt München von 1572 zu erkennen.

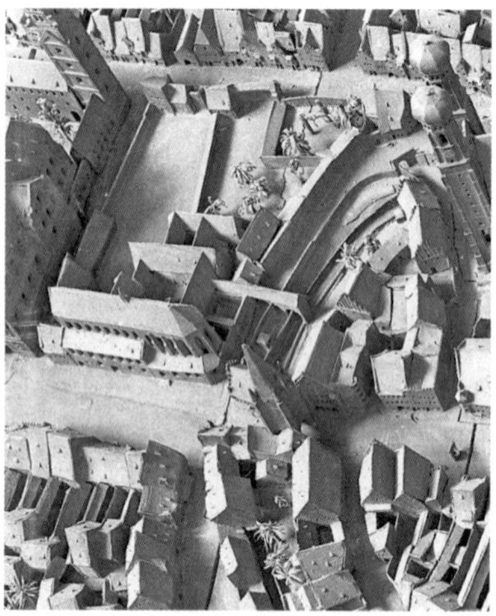

Der Schöne Turm aus der Vogelperspektive
Lindenholzmodell der Stadt München von Jakob Sandtner, 1570. In der Bildmitte das Stadttor, links Neuhauser, rechts Kaufinger Gasse. Gut zu erkennen ist die Überbauung des Grabens bis zur Augustinerkirche sowie der nördlich davon gelegene „Donnerbalken" über dem verbliebenen Graben.

Die heute noch bekannten Positionen der anderen Bräustadel lagen alle ebenfalls an der inneren Stadtmauer (Weinstraße Nr. 10, ähnlich wie der Bräustadel des Freymanners direkt am Stadttor, dem Wilbrechtsturm) oder knapp außerhalb davon (Residenzstraße Nr. 9, später Franziskanerbräu; Sendlinger Straße Nr. 75 a, spätere Hackerbrauerei; Sendlinger Straße Nr. 2, heute Kaufhaus Konen).

Das Ende des Patrizierbrauens

Keiner der belehnten Patrizier wurde in den damaligen Steuerbüchern jemals als Bräu bezeichnet. Stattdessen beschäftigten sie „Prewmaister", die als eine Art leitende Angestellte den Braubetrieb führten. Man muss sich vorstellen, dass diese privilegierte Gesellschaftsschicht das Bräuamt mehr oder weniger nebenbei ausführte und somit auch kein Interesse daran hatte, die dringend notwendigen Investitionen in dieses Gewerbe zu tätigen. Ende des 14. Jahrhunderts war zudem durch eine Folge von Missernten der Malzpreis angestiegen, was bei behördlich festgelegtem Bierpreis, dem sogenannten „Biersatz", die Gewinnspanne reduzierte.

Im Laufe der Zeit wurden daher immer mehr Braugerechtigkeiten nicht mehr genutzt, wodurch ein Engpass in der Versorgung der Bevölkerung mit Bier auftrat. Denn parallel kam es in München zu einem rasanten Anstieg der Einwohnerzahl, eine Entwicklung, die in jener Zeit in allen Städten Europas beobachtet werden konnte. Vom Jahre 1300 an verdoppelte sich in München innerhalb von nur 75 Jahren die Zahl der Bewohner von fünf- auf zehntausend. In der Folge wurde somit wieder vermehrt schwarz gebraut, das heißt ohne offizielle Belehnung durch den Herzog. Da diese Brauer natürlich auch keine Abgaben leisteten, kam es zu einem empfindlichen Rückgang der herzoglichen Einkünfte.

Alles zusammen führte letztlich zum „Aussterben" des Patrizierbrauens: Jacob Freymanner war 1368 bereits nicht mehr am Leben, der letzte Brauberechtigte aus dieser Gesellschaftsschicht verstarb im Jahre 1381. Auch der Beruf des Prewmaisters verschwand. Später war in den Häusern der belehnten Familien niemals wie-

Franziskanerkloster am heutigen Max-Joseph-Platz

Kupferstich von Michael Wening, um 1700.

der ein Braubetrieb nachweisbar. Lediglich drei Mitglieder aus der Gruppe der Patrizierbrauer hatten ein Interesse daran, ihre Brauereien fortzuführen. Diese aber wurden dann mit entsprechendem Ehrgeiz betrieben und zeigten im weiteren Verlauf einen langen Bestand:

Heinrich Marstaller unterhielt seit 1369 einen Bräustadel am Beginn der Sendlinger Straße, Hausnummer 2. Seine Braugeschäfte wurden unter anderer Regie fortgeführt, sodass hier bis zur Mitte des 16. Jahrhunderts eine florierende Brauerei nachweisbar war. Später wurde auf dem Grundstück das Handwerk der Lebzelterei ausgeübt. Lebzelter hatten die Berechtigung, Bienenhonig zu Lebkuchen und Met zu verarbeiten, ferner aus dem Bienenwachs Kerzen zu ziehen und Wachsbilder zu gießen. Da der Met auch ausgeschenkt wurde, blieb zumindest die Tradition einer Schänke hier noch bis ins 19. Jahrhundert erhalten. Das Kaufhaus Konen, das heute an seiner Stelle steht, erinnert mit einer Gedenktafel an diese Geschichte.

Schon sechs Jahre zuvor gründete Ainwicus Chirchler, einer der in der Urkunde von 1363 mit dem Bräuamt belehnten Patrizier, schräg gegenüber in der Sendlinger Straße 75 eine Brauerei, die mindestens bis 1431 Bestand hatte. Hierin ist vermutlich auch der Anfang der heute noch existierenden Hacker-Brauerei zu sehen, worauf jedoch später noch genauer eingegangen wird.

Seidel Vaterstetter schließlich, ebenfalls im Jahre 1363 belehnt, betrieb seither in der Residenzstraße 9 einen Bräustadel. Bald in finanziellen Schwierigkeiten steckend, ging die Brauerei nach mehrmaligen Verpfändungen dauerhaft in andere Hände über, wurde aber kontinuierlich fortgeführt. Später erhielt sie den Namen Franziskanerbrauerei und lebt als Markenname für helles und dunkles Weißbier heute noch weiter. Anders als gelegentlich kolportiert wird, handelte es sich dabei also nicht um die säkularisierte Brauerei des Franziskanerklosters, sondern namensgebend war lediglich die räumliche Nähe der Brauerei zu dem Kloster. Dieses wurde nach der Säkularisation von dem späteren König Maximilian I. Joseph (reg. ab 1799 als Kurfürst, ab 1806 bis 1825 als König) zusammen mit dem angrenzenden, 1295 gegründeten Ridler-Seelhaus abgerissen, um die Münchner Oper und den davorliegenden Platz errichten zu können.

Von vielen Münchnern wurde der verheerende Brand von 1823, dem die Oper dann wieder zum Opfer fiel, als Strafe für diese als sündhaft empfundene Baumaßnahme des Potentaten angesehen. Bei den am Ende erfolglosen Versuchen, das brennende Opernhaus zu löschen, wurden zuletzt, da das Löschwasser im Januar zum Teil gefroren war, auch die Biervorräte der umliegenden Brauereien zum Löschen verwendet.

Die Brauverfassung von 1372

Der erwähnte Engpass in der Bierversorgung der Stadtbevölkerung, vor allem aber die fehlenden Einnahmen aus dem Bräuamt veranlassten den bayerischen Herzog in der zweiten Hälfte des 14. Jahrhunderts zu einer grundlegenden Reform. Diese kennzeichnete den Beginn derjenigen Phase, die wir heute als das eigentliche vorindustrielle Brauwesen verstehen, und stellte damit die Weichen für die nächsten vier Jahrhunderte. Der verantwortliche Herzog war Stephan II., mit der Hafte (reg. 1347–1375), ebenfalls ein Sohn Kaiser Ludwigs des Bayern, der sich mit seinen fünf Brüdern das Erbe des Vaters teilte, also Bayern zzgl. der damals Wittelsbachischen Territorien Brandenburg, Tirol und Teilen der Niederlande.

Am 7. August 1372 ließ er zusammen mit seinen Söhnen Stephan, Friedrich und Johann (unter denen später das verbliebene Bayern erneut in die Teilherzogtümer Ingolstadt, Landshut und München aufgeteilt wurde) der Stadt München folgende „besondere Gnad" zukommen: Nachdem in der entsprechenden Urkunde zunächst die bestehenden Missstände gerügt wurden, die zur Unterversorgung der Bürger und zu den fehlenden Zinseinnahmen des Hofes führten, wird das Brauen von nun an jedem, „den es gelüstet", gestattet:

„Wir Stephan der Ältere, wir Stephan, Fridrich und Johann Gebrüder, (...) bekennen öffentlich mit dem Brief, dass für uns kommen ist mannigerlei Stözz, Irrsal und Zweiung von unserer Stadt gemeinlich zu Münichen, von der alten Prewn wegen, der 21 Ämter bei unsern Vätern und bei uns gewesen sind. Also dass dieselben 21 Prewämter der Stadt noch dem Land (...) nicht Greußings genug gebräuen mochten, und davon uns auch unser jährlich Güld und Zins ettwieviel Zeit ausgelegen ist, als das von unseren Vorvätern bisher an uns kommen ist, wann etliche neue Prewn bisher an allen unsern Willen und Gunst über unser Rat heimlich gebraut haben (...). Nun haben wir der Stad gemeinlich zu Münichen die besunder Gnad getan (...), dass nun hierfürbas zu Münichen ewiglich allermangleich, wen dies gelüstet, wohl Greußing bräuen soll (...)."

Nun darf dies aber nicht als erneute Erlaubnis im Sinne eines allgemeinen Hausbraurechts missverstanden werden. Weiterhin war die Ausübung des Braurechts an die vorherige Verleihung des Lehens durch den Herzog geknüpft: „Es ist auch zu wissen: Wer fürbas zu Münichen Greußing bräuen will, über die alten Prewn und über die, die jetzt von neuen Dingen vor Brief über das Amt von uns haben, der oder dieselben sollen dasselb Prewamt von unsern Händen empfangen und igleicher uns zu einer Gedächtnis geben 5 Gulden und unserm Kanzler von dem Land, wer der ist, einen Gulden um die gewondlich Brief, die sie darüber nehmen sollen."

Bierbrauer Mitte des 16. Jahrhunderts

Holzschnitt von Jost Amman, 1568. Dargestellt sind die wichtigsten Arbeitsschritte des Brauens sowie die notwendigen Utensilien. Als Beitext zum Bild wurde der Brauvorgang beschrieben: „Auß Gersten sied ich gutes Bier/Feißt und Süß/auch bitter monier/In ein Breuwkessel weit und groß/Darein ich denn den Hopffen stoß/Laß den in Brennten külen baß/Damit füll ich darnach die Faß/Wol gebunden und wol gebicht/Denn giert er und ist zugericht."

Der Herzog hatte offenbar erkannt, dass bislang „auf die falschen Pferde" gesetzt worden war. Mit der Reform versuchte er nun, das Brauen auf eine breitere Gesellschaftsschicht zu verteilen, die verlässlicher in der Lage wäre, die Versorgung der Bevölkerung mit Bier und gleichzeitig die herzoglichen Einnahmen sicherzustellen. Die Braugerechtigkeiten wurden also nicht wieder an Patrizier verliehen, sondern konnten von jedem Bürger erworben werden, der die dafür fällige, neu eingerichtete Gebühr an den Herzog entrichtete. Diese lag bei fünf Gulden, wiederum zuzüglich eines Guldens an dessen Kanzler. Außerdem musste jeder neue Bräu bei seinem Eintritt ans Bräuamt 20 Gulden (dieser Betrag wurde erst 1485 auf 16 Gulden reduziert) zahlen.

Vom Bräuamt wurde weiterhin die gemeinschaftliche Entrichtung der bisherigen Jahresabgabe von 50 Gulden erwartet. Dabei wurde ausdrücklich festgehalten, dass diese Summe unabhängig von der tatsächlichen Zahl der Brauer auf Dauer gleich bleiben sollte. „Und wieviel der Prewn also werden, so sollen sie uns dennoch jährlich zu Zins nicht mehr geben denn 50 Pfund Pfennig der Münz, die dann in der Stadt zu Münichen und in dem Obern Land zu Bayern gang und gäb ist."

Dies war jedoch weniger ein Akt herzoglicher Großzügigkeit, sondern sollte vielmehr gleichbleibende Einnahmen auch bei einem nochmaligen Rückgang der Zahl der Brauer garantieren. Dieser Brauzins wurde in unveränderter Höhe dann auch bis ins 18. Jahrhundert an den Landesherrn entrichtet. Da außerdem weiterhin zum Brauen der Besitz eines Grundstücks vonnöten war, auf das die Braugerechtigkeit radiziert wurde, handelte es sich bei diesen neuen Brauern wiederum nicht um vollkommen mittellose Bürger, da ein gewisses Grundkapital von Anfang an erforderlich war. Die Reform bewirkte aber eine Professionalisierung des Brauwesens, ein Betrieb bestand von da an aus einem Bräu mit einer nach oben beschränkten Zahl von zwei bis drei Bräuknechten (oder Gesellen) und einigen Lehrlingen.

Wie in der herzoglichen Urkunde zu lesen war, wurde nicht das Brauen von Bier, sondern von „Greußing" auf diese Weise neu geregelt. Die weitere Entwicklung des Brauwesens zeigte, dass die neue Brauverfassung aber offensichtlich in gleicher Weise für jede Art des Bierbrauens galt. Zum Greußing, der in allen Quellen immer gesondert neben Wein, Bier und Met angeführt wird, gibt es bis heute unterschiedliche Deutungen. Im Satzungsbuch der Stadt wurde im Jahre 1310 sein Preis um ein Drittel teurer als der des normalen Biers notiert, wobei es sich bei diesem Eintrag aber vielleicht auch um einen Schreibfehler handeln könnte. Denn in allen späteren Quellen scheint Greußing das minderwertigere Getränk gewesen zu sein. Eventuell hatte sich auch einfach dessen Qualität im Laufe der Zeit geändert, aber zumindest im 15. Jahrhundert handelte es sich offenbar um eine Art Dünnbier. Gesichert ist mittlerweile, dass dieses ebenfalls aus Gerstenmalz unter Zusatz von Hopfen gebraut wurde.

Eine der letzten Erwähnungen dieses Greußing stammt aus einem überlieferten Streitakt zwischen den Münchner Brauern und Bäckern (E. Stahleder). Letztere warfen darin den Brauern vor, dass diese früher ein normales Pfennigbier und daneben den weniger gehaltvollen, aber nur halb so teuren Greußing verkauft hätten. Nun würden die Brauer Greußing als Nachbier des normalen Biers produzieren, ihn also aus dem bereits ausgekochten Material durch erneute Zugabe von Wasser brauen, und das normale Bier als sogenannten „Beham" (ein nach böhmischer Art gebrautes Bier, das zu jener Zeit auch in Landshut bekannt war) verkaufen. Die Biersorte Greußing scheint nach 1500 wieder verschwunden zu sein, sie wurde jedenfalls später nie wieder erwähnt.

Die ersten Münchner „Prewen"

Die ersten Bierbrauer, die nach dem herzoglichen Erlass von 1372 auch unter der Berufsbezeichnung „Prew" in den Steuerbüchern aufgeführt wurden, waren Quereinsteiger oder Berufswechsler, die zuvor andere Tätigkeiten ausgeübt hatten. Belegt sind zum Beispiel ein Konrad Pöschl, der zuvor gut verdienender Kaufmann im Tal war, oder Konrad von Eisenhofen, vormals Schneider von Beruf.

Die zweite Gruppe dieser neuen Brauergeneration bestand hingegen aus Aufsteigern, die ihre Karriere als Bräuknechte begonnen und das Handwerk somit von der Pike auf gelernt hatten. Häufig durchliefen diese eine Art Zwischenstufe auf dem Weg zur eigenen Brauerei, indem sie als „Zuschenk" arbeiteten. Dieser war bei einem Brauer angestellt und schenkte dessen Bier in der dazugehörigen Gaststätte aus. Die Steuersätze dieser Zuschenken lagen etwa doppelt so hoch wie die der einfachen Bräuknechte, was auf eine größere Verantwortung oder Eigenständigkeit hindeutet.

Der Beruf des Zuschenks verschwand dann Ende des 14. Jahrhunderts bereits wieder und wurde in einer Verordnung von 1420 offiziell abgeschafft. Gleichzeitig wurde mit dieser Ordnung eine sogenannte „Schenkensteuer" neu eingerichtet, eine zusätzliche Abgabe, die jedoch ausschließlich von den Betreibern von Weinschenken erhoben wurde.

Älteste Darstellung eines Brauers in Deutschland

Federzeichnung aus dem „Hausbuch der Mendelschen Zwölfbrüderstiftung in Nürnberg", um 1430. In dem Bruderhaus lebten ältere Herren, die sich wie Mönche kleideten. Dargestellt ist der Bruder Herttel Pyrprew, der gerade in der Sudpfanne rührt. Das aufgehängte Hexagramm im Hintergrund zeigte als „Bierzeiger" den gleichzeitigen Bierausschank an.

Anfangs kam es nur zu einer sehr zögerlichen Vermehrung der Braustätten, sodass um das Jahr 1400 lediglich elf, 50 Jahre später gerade einmal 16 Brauereien in München gezählt wurden. Von diesen gingen zudem im Laufe der Zeit mehr als die Hälfte wieder ein. Die wirtschaftliche Realität war häufig so, dass ein „Prew" am Rande des Existenzminimums lebte. Zum einen war das Bräuamt mit hohen Abgaben belegt, zu denen auch noch die normale Steuerlast der Brauer kam. Denn im Mittelalter wurde die Einkommenssteuer als Vermögenssteuer auf den gesamten Besitz erhoben. Diese musste von einem Brauer also zusätzlich geleistet werden. In späteren Jahrhunderten kam dann als Kuriosum noch die Verpflichtung für das Bräuamt hinzu, bei jeder An- und Abreise von Staatsgästen die Kanonen aus dem Zeughaus auf die Wälle der Stadt zu schaffen und nach dem Ehrensalut wieder zurückzubringen.

Zum anderen bestand innerhalb der Stadt für die Brauer eine starke Konkurrenz durch die Klosterbrauereien, die gleich mehrere Vorteile auf ihrer Seite hatten. Sie hatten keine Personalkosten und entrichteten deutlich geringere Abgaben, und sie konnten die notwendigen Rohstoffe in der Regel auf ihrem eigenen Grundbesitz herstellen. Auch wurde den Klosterbieren in dem von Aberglauben gekennzeichneten Mittelalter eine besondere, „geistliche" Qualität unterstellt, da gerade beim Brauen der oft missglückte Sud auf den Einfluss äußerer, böser Mächte zurückgeführt wurde. Ein Sinnbild für die Abwehr dieser negativen, später auch mit Hexerei in Verbindung gebrachten Einflüsse stellte der sechseckige Braustern dar, der bereits auf der ältesten bekannten Abbildung eines „Prews" von 1430 über dem Braukessel hängt und später im Schild zahlreicher Brauereien zu finden ist.

Die neu gegründeten Brauereien wurden wegen all dieser ungünstigen wirtschaftlichen Bedingungen oft nicht durchgehend betrieben, das Bierbrauen wurde häufig zwischenzeitlich wieder eingestellt. Da aber stets mit der Braugerechtigkeit auch ein Schankrecht verbunden war, fand in diesen Fällen meist ein Nutzungswechsel hin zu einer Weinschenke statt, weshalb die entsprechenden Brauer dann auch die oben erwähnte Schenkensteuer zu entrichten hatten. Aus dem Jahre 1502 ist eine Liste mit den Namen der damals 39 Münchner Brauer bekannt. Anlass für deren Erfassung war, dass diese „Prewen" vor dem Rat erscheinen und

Spatenbrauerei in der Neuhauser Straße

Ölgemälde von J. Kirchmair, 1840. Die Brauerei ist das zweite Gebäude auf der linken Seite, im Hintergrund das Karlstor. Gegenüber (außerhalb des Bildes) läge die ehemalige Augustiner-Klosterkirche.

schwören mussten, nur noch obergäriges Bier zu brauen. 17 von ihnen waren zu diesem Zeitpunkt Mitglieder der Weinschenkenzunft.

Ein Teil der umgewandelten Brauereien blieb dann auch dauerhaft alleinige Gaststätte, manche nahmen den Braubetrieb nach einer gewissen Zeit wieder auf. In anderen Fällen übernahm ein gelernter Bräu zunächst eine Schenke und führte diese übergangsweise weiter, um nach einer Weile auf diesem Grundstück seine eigene Brauerei einzurichten. Und schließlich gab es noch jene Bierbrauer, die ihre Schenke an einen Weinschenk verpachteten. Die älteste heute noch bestehende Brauerei, die auf die Reform Herzog Stephans zurückzuführen ist, wurde 1397 in der Neuhauser Straße 4 gegründet, damals schräg gegenüber des Klosters der Augustiner gelegen. Namensgeber dieser Brauerei wurde im Jahre 1622 der Bräu Georg Spät (1550–1620). Diese „Oberspatenbrauerei“ war der Vorläufer der heutigen Spatenbrauerei.

Gründungsgeschichte am Beispiel von Löwenbräu

Unweit davon stößt man auf die Gründungsstätte einer weiteren heute noch existierenden Brauerei. In der Löwengrube 17 befand sich das Stammgebäude der Löwenbrauerei. Der auffällige Name der Straße wurde erstmals im Jahre 1640 in einem Brief erwähnt und ist vermutlich auf ein Fresko an der Wand eines Hauses in dieser Straße zurückzuführen, das die alttestamentliche Szene Daniel „mitten unter sieben Löwen sitzend“ in einer Grube zeigte. Dieses Bild gab es nachweislich, unklar bleibt, ob zuerst das Bild oder der Straßenname vorhanden war. Später waren jedenfalls in der Hauswand der Löwenbrauerei, die unter dem Namen „Löwenbräustatt“ erstmals 1765 in einer Liste mit vergebenen Lehen auftauchte, zwei der Wappentiere als Plastiken befestigt.

Die „Geschichte“ des Gründungsdatums der Löwenbrauerei ist so exemplarisch für die Fehldatierungen von Brauereigründungen, dass sie etwas genauer beleuchtet werden soll. Die meisten Angaben zu den Anfängen von Brauereien stammen aus einer Zeit, als historische Quellen oft flüchtig und „großzügig“ ausgewertet wurden. Die Suche nach den Ursprüngen der Brauereien ist im Kontext des damals allgegenwärtigen Historismus zu sehen. Durch den Nachweis uralter Brautraditionen wollten sich die Betriebe in ein günstiges Licht rücken, was in dem hart umkämpften Wettbewerb natürlich Vorteile bot. Im Falle der Löwenbrauerei waren die entsprechenden Belege zwei Einträge in den städtischen Steuerbüchern, welche für den vermeintlichen Nachweis der Brauereigründung im Jahre 1383 in der Dissertation von Herrmann Dihm, des Schwiegersohnes des Löwenbräu-Generaldirektors, herangezogen wurden. Diese Steuerbücher sind mit größeren Lücken im 15. Jahrhundert vom Jahre 1368 an erhalten geblieben. Neben dem Namen des Besteuerten wurden darin dessen Steuersumme sowie häufig auch eine Berufsbezeichnung aufgeführt. Allerdings waren in den Steuerbüchern keine Hausnummern eingetragen, da es diese im Mittelalter noch nicht gab. Die Einträge erfolgten vielmehr genau in derselben Reihenfolge, in der die Steuerpflichtigen von der städtischen Steuerkommission, bestehend aus den sogenannten „Steuerern“, erfasst wurden. Diese gingen dazu auf einer über Jahrhunderte stets gleich gebliebenen Route von Haus zu Haus, um die beeidigten Steuererklärungen aufzunehmen.

Das Steuerbuch von 1382 führte für die damals noch „Enge Gasse“ genannte Löwengrube einen Erhart „prewknecht“ als Untermieter (inquilinus) auf, im nächsten Jahr war ein Erhart „prewmaister“ an anderer Stelle in derselben Straße eingetragen. Daraus wurde geschlossen, dass ein zunächst angestellter Bräuknecht namens Erhart im folgenden Jahr gesellschaftlich aufgestiegen war und eine eigene Brauerei in der Löwengrube gegründet hatte. Bis Anfang der 80er Jahre wurde daraus hier die Gründung einer ersten Bräustätte als Vorläufer der Löwenbrauerei abgeleitet.

Dieselben Steuerbücher wurden dann im Jahre 1981 von Hans Schlosser, Ordinarius für bürgerliches Recht und Rechtsgeschichte, aus dem Blickwinkel der mittelalterlichen Gewerberechtsverfassung erneut ausgewertet. Er konnte dabei schlüssig nachweisen, dass die Berufsbezeichnung eines „prewmaisters" (wenn bei diesem Erhart anstelle eines Berufes nicht lediglich der Familienname Prewmeister gemeint war) ausschließlich unselbstständigen, also auf fremde Rechnung arbeitenden Brauern vorbehalten war. Diese waren niemals Inhaber einer Braugerechtigkeit oder Eigentümer der Braustätte, sondern als leitende Angestellte entweder für herzogliche oder klösterliche Brauereien tätig. Erhart „prewmaister" konnte somit keine

Löwenbrauerei in der Löwengrube

Aquarell von Joseph Puschkin, 19. Jahrhundert. Das gelbe Haus am linken Bildrand ist die Brauerei, wobei oberhalb des Erdgeschosses links und rechts je ein steinernes Relief mit einem liegenden Löwen erkennbar ist.

Reklamemarke Löwenbräu, 1910/12

eigene Braustätte an seinem Wohnort in der Löwengrube unterhalten haben. Falls nicht Mitglied der Familie „Bräumeister", war er vermutlich Braumeister des Heiliggeistspitals oder sogar der Augustiner Klosterbrauerei. Letztere lag nämlich auf dem nördlichen Ende des Klostergeländes und war somit von der Löwengrube aus zugänglich.

Schlosser führte die Steuerbücher zwar als extrem wertvolle historische Quellen an, sprach ihnen jedoch noch die Möglichkeit einer genauen Zuordnung der Besteuerten zu den einzelnen Häusern wegen der fehlenden Adressangaben ab. Ein Jahr später konnte Helmuth Stahleder, stellvertretender Leiter des Münchner Stadtarchivs, genau diese Verknüpfung nach mühevoller Archivarbeit leisten. Ausgehend von den ab dem Jahre 1572 erhaltenen Grundbüchern mit den Namen der Hausbesitzer konnte er rückwirkend die besteuerten Einwohner an Hand des immer gleichen Weges der Steuerer weitgehend lückenlos rekonstruieren. Dadurch ließ sich dieser Erhart „prewmaister" sicher den Häusern 9 bis 11 in der Löwengrube zuordnen, das heißt er hatte seine Wohnung an völlig anderer Stelle als die spätere Brauerei. Im Haus Nummer 17, dem späteren Löwenbräu, war im 14. und 15. Jahrhundert niemals ein Brauer nachweisbar. Keiner der Hausbesitzer, zu denen unter anderem der Bischof von Freising zählte, hatte je eine Braugerechtigkeit inne, und von allen ist belegt, dass sie anderen Berufen nachgegangen waren.

Der erste Bräu, der wirklich an dieser Stelle gesichert ist, war Jörg Schnaitter ab 1524. Dieser verließ die Braustätte 1539, vermutlich um sich durch den Umzug in die Neuhauser Gasse 26a (späteres Prüglbräu) an diesem günstigeren Standort mit einer neuen Brauerei wirtschaftlich zu verbessern. Nach ihm sind auf dem Haus Löwengrube 17 in ununterbrochener Folge Brauer nachgewiesen. Unabhängig von dem tatsächlichen Gründungsjahr stellt die Löwenbrauerei ohne jede Frage eine der für München prägendsten und wichtigsten Brauereien dar, getreu ihrem Motto: „Der Tiere König ist der Leu, der Biere König: Löwenbräu" (Inschrift auf einem geschnitzten Bierfassdeckel im Löwenbräukeller).

Gründungsboom im 15. und 16. Jahrhundert

In der zweiten Hälfte des 15. Jahrhunderts kam es vermutlich als Folge der verschlechterten klimatischen Bedingungen für den Weinanbau und der gestiegenen Nachfrage nach Bier in München zu einem regelrechten Boom von Brauereigründungen. Diese Brauer versteuerten nun bereits ein deutlich höheres Einkommen, und von den neu entstandenen Braustätten blieben auch die meisten bis ins 19. Jahrhundert in Betrieb. Über 25 Brauereien wurden allein bis zum

Jahre 1500 neu gegründet, im nächsten Jahrhundert kamen noch weitere 35 hinzu. Unter Berücksichtigung der wenigen, zwischenzeitlich wieder eingegangenen Betriebe lag damit um das Jahr 1600 die höchste Zahl an Braustätten vor, die München jemals hatte: Auf eine Stadt mit gerade etwa 20.000 Einwohnern kamen genau 74 bürgerliche Brauereien, zu denen noch die Klosterbrauereien (Augustiner-, Anger-, Franziskaner-, Jesuiten- und Karmeliterkloster und Heiliggeistspital) und das später gegründete Hofbräu gerechnet werden müssen. Somit lag die Dichte an Brauereien bei jeweils einem Betrieb pro 250 Einwohner.

Trotz des Grundsatzes, dass Brauereien eigentlich nur auf bereits mit der Braugerechtigkeit radizierten Grundstücken entstehen durften, vermehrte sich also die Zahl an Brauereien im Laufe der Zeit erheblich. Dies widerspricht unserer allgemeinen Vorstellung eines statischen Mittelalters. Bis zum Dreißigjährigen Krieg wechselten sich im Brauwesen Münchens immer wieder Phasen der Stagnation mit Gründungswellen ab. Offenbar bedingte eine steigende Nachfrage in guten Zeiten eine gewisse Flexibilität bei der Vergabe von Braugerechtigkeiten. Mehrfach sind allerdings auch Erlasse belegt, welche die Abschaffung aller Brauhäuser forderten, die nicht „von alters her bestanden". Doch wie es scheint, wurden diese Beschlüsse nie konsequent durchgesetzt, sodass eine echte Limitierung der Braustätten erst 1640 erfolgte. In einem Verzeichnis, der sogenannten „Brau-Matrikel", wurden alle bestehenden Braugerechtigkeiten namentlich erfasst und fixiert, die dann über mehr als 150 Jahre hinweg unverändert blieben.

Das Reinheitsgebot

Die Braureform von 1372 hatte zwar bewirkt, dass sich die Brauer hauptberuflich und professionell um ihr Handwerk kümmerten. Die herzoglichen Einnahmen sprudelten, die Versorgung der Bevölkerung war gesichert. Aber mit was für einem Gebräu! Der Gedanke an die Qualität des damaligen Bieres muss einen heute schaudern lassen. Die Brauer hatten über Jahrhunderte mit einer großen Plage zu kämpfen: der geringen Haltbarkeit des gebrauten Bieres, das leicht verdarb und dann sauer wurde. Um dem entgegenzuwirken, wurden dem Sud zahlreiche, aus heutiger Sicht teilweise unfassbare Zutaten beigemengt. So war die Verwendung von „Zirmet" (oder Drehkraut), Wacholder, Laserkraut und Lorbeer sowie von anderen Kräutern und Wurzeln üblich, um dem Bier einen besseren Geschmack zu geben oder den bereits sauren zu überdecken. Weiter wurden Farn, Wermut, Mohnsaft und auch Branntwein verwendet, um den Alkoholgehalt und damit das Rauschgefühl zu stärken. Ochsengalle wurde statt Hopfen zur Konservierung verwendet, auch Asche und

Pech kamen dabei zum Einsatz. Neben solchen unappetitlichen, aber noch weitgehend harmlosen Substanzen fanden jedoch auch Tollkirsche oder Bilsenkraut Verwendung, also aus medizinischer Sicht hochtoxische, Halluzinogene und Alkaloide enthaltende Pflanzen mit erheblichem Potenzial, die Gesundheit, wenn nicht gar das Leben des Konsumenten zu gefährden.

Daher nimmt es nicht Wunder, dass schon früh versucht wurde, durch behördliche Regelungen die Qualität dieses Grundnahrungsmittels zu verbessern. So wurde in München beispielsweise im Jahre 1447 verbindlich festgelegt, dass Bier frühestens acht Tage nach dem Brauen ausgeschenkt werden durfte, um eine gewisse Mindestgärung sicherzustellen. Zuwiderhandlungen gegen diese und ähnliche Brauvorschriften wurden geahndet, wobei die Strafen von Geldbußen über Abmahnungen bis hin zum Zwang, das eigene schlechte Bier trinken zu müssen, reichten. Der Spruch „das schlägt dem Fass den Boden aus" lässt sich ebenfalls auf eine Brauordnung (allerdings aus Landshut) von 1409 zurückführen, in der als Strafe für schlechtes Bier die öffentliche Zerschlagung des Fasses festgelegt war. In einem Artikel aus dem Jahre 1453 wurde den Brauern gestattet, zwar soviel Bier und Greußing zu brauen, wie sie wollten, der Handel mit der Braugerste aber wurde untersagt.

Maßgeblich für die weitere Entwicklung der Münchner Brauordnung war dann jedoch vor allem eine Vorlage aus der Stadt Landshut aus dem Jahre 1486, in der neben sehr detaillierten Vorschriften bezüglich des Brauvorgangs der Zusatz von schädlichen Substanzen verboten wurde.

Ein Jahr später, am 30. November 1487, erließ Herzog Albrecht IV., der Weise, in München jene Vorschrift, die als sogenanntes Reinheitsgebot schließlich weltberühmt werden sollte. Diese Regelung war weniger als eine inhaltliche Neuschöpfung anzusehen, vielmehr stellte ihre präzise Formulierung der Brauvorschriften eine „redaktionelle Meisterleistung" (E. Stahleder) dar. In dieser Urkunde wurde bestimmt, dass Bier „aus nichts anderm dann Hopfen, Gersten und Wasser gesotten" werden durfte. Zum Brauen wurde also ausschließlich die Verwendung von Gerstenmalz zugelassen, andere Getreidesorten waren verboten. Die Beschränkung auf allein diese drei Zutaten mussten die Brauer vor dem Rentmeister beeiden.

Bierprobe mit dem Hosenboden

Aquarell von Joseph Puschkin, 19. Jahrhundert.

Außerdem war der Ausschank des Bieres nur gestattet, wenn es zuvor „beschaut", also auf seine Qualität hin überprüft wurde. Hierzu wurde ein Fünfergremium eingesetzt, das aus einem Stadtrat, zwei Bürgern der „Gemein" sowie zwei Brauern bestand. Diese hatten genaue Auflagen zu erfüllen, wie das Bier zu verkosten war: Sie mussten nüchtern antreten und durften maximal sechs Biere pro Tag versuchen, der vorherige Genuss von Rettich, Zwiebeln und Ähnlichem war verboten. Im 15. und 16. Jahrhundert wurde als Variante die Bierbeschau mit dem Hosenboden durchgeführt: Zwei bis drei Männer setzten sich auf eine naturbelassene Eichenholzbank, auf die zuvor der Inhalt einer frisch gezapften Mass gleichmäßig verteilt worden war. Nach zwei Stunden (mit der Sanduhr gemessen), während derer sie mit Speis und Trank versorgt wurden, standen sie auf Kommando gemeinsam auf. Blieb die Bank an den Böden der vollgesogenen Lederhosen kleben, hatte der Brauer die Prüfung bestanden, da genug klebriger Malzzucker im Bier enthalten war.

Reinheitsgebot von 1516

Das Reinheitsgebot war Teil eines Gesetzbuches, welches als „Buch der gemeinen Landgebot, Landesordnung, Satzung und Gebräuch des Fürstentums in Ober- und Niederbayern" am 24. April 1516 von den Herzögen Wilhelm IV. und Ludwig X. unterzeichnet wurde. Unter dem Kapitel „Wie das Pier Summer und Winter auf dem Land sol geschenkt und praüen werden" findet sich die entscheidende Passage: „Wir wollen auch sonderlichen, das füran allenthalben in unsern Stetten, Märckthen und auff dem Lannde zu keinem Pier merer stückh dann allain Gersten, Hopffen und wasser genommen und gepraucht solle werdn."

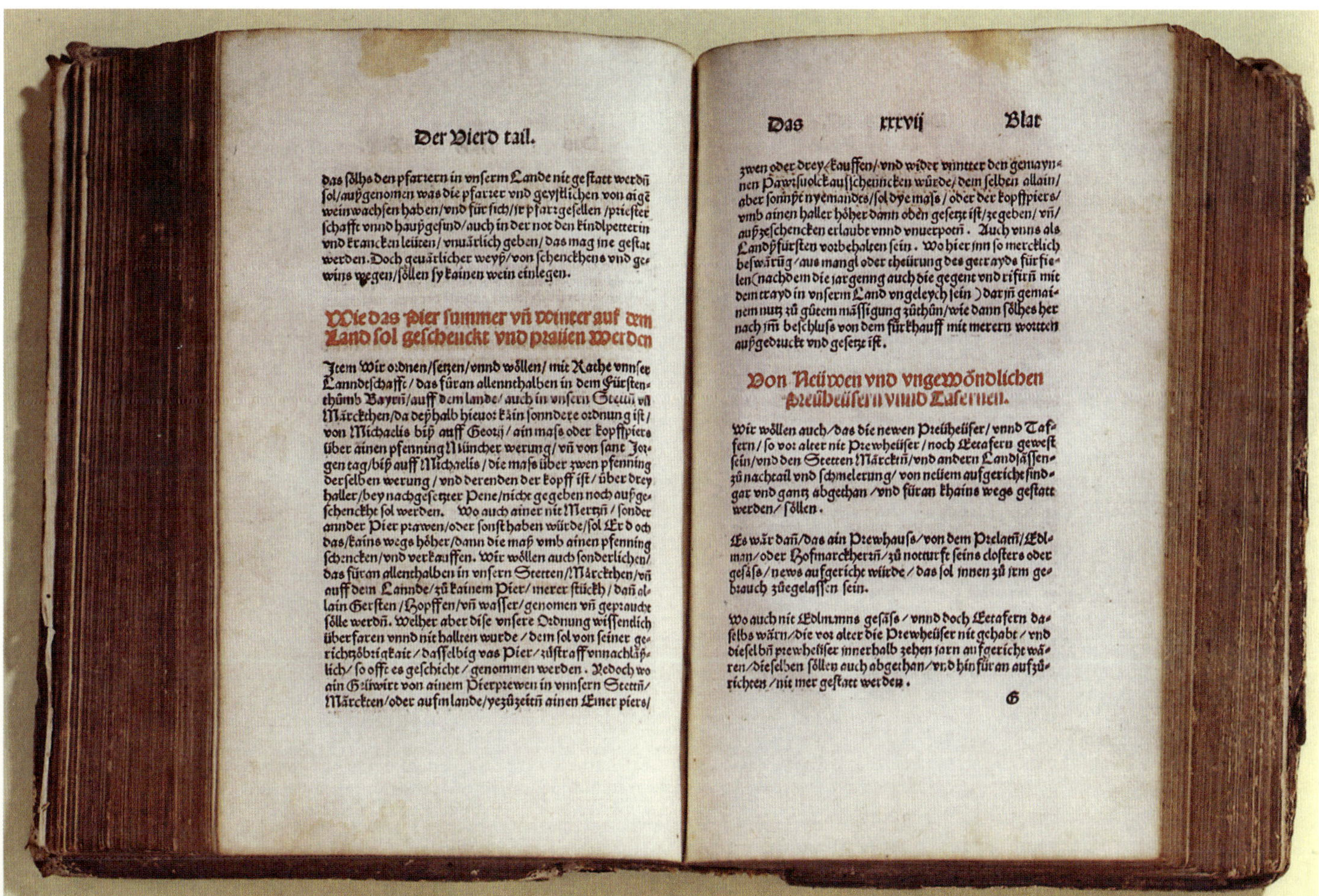

Schließlich war in diesem Münchner Reinheitsgebot auch ein genereller Höchstpreis für das Bier festgeschrieben. Dieser wurde auf ein oder zwei Pfennige pro Mass fixiert. In der Präambel zum Reinheitsgebot (diesen Namen erhält es allerdings erst zu Zeiten des Ersten Weltkriegs) erläuterte Herzog Albrecht denn auch, dass neben der Qualitätsverbesserung vor allem der zu teure Bierpreis Anlass für das Gebot war. Von nun an mussten die Brauer sich entscheiden, ob sie für jeweils ein Jahr das leichtere Ein- oder das stärker eingesottene Zweipfennigbier brauen wollten. Die Preise verstanden sich als Obergrenze, sodass die Gewinnspanne für die Brauer bei Verteuerung der Gerste entsprechend geringer wurde. Auf diese Weise wurde die Versorgung der Bevölkerung mit einem preiswerten und bekömmlichen Bier sichergestellt.

Im Reinheitsgebot wurden genau drei Zutaten zum Brauen von Bier zugelassen. Die Hefe hingegen, die für den Brauvorgang unerlässlich ist, wurde mit keinem Wort erwähnt. Dies führte häufig zu dem Schluss, dass die Hefe im Mittelalter noch gar nicht bekannt gewesen sei. Die Gärung sei vielmehr durch in der Luft befindliche Hefen zufällig zustande gekommen, weshalb Sude in der Nähe von Bäckereien auffällig besser gelungen seien. Diese These trifft jedoch mit Sicherheit nicht zu. Es ist nämlich in den Stadtbüchern Münchens ein jahrzehntelanger erneuter Streit zwischen Brauern und Bäckern über den Bezug der Hefe belegt. Im Jahre 1500 musste der Herzog schlichtend eingreifen, nachdem die Bäcker dazu übergegangen waren, ihre Backhefe selbst herzustellen und nicht „wie von Alter herkommen" von den Brauern zu beziehen. Diese waren deshalb auf ihrer Hefe sitzen geblieben, sodass sie verdarb. Trotz aller Einwände der Bäcker wegen der angeblich schlechten Qualität der Brauhefe stellte sich der Herzog letztlich hinter die Brauer, da dies natürlich auch seinen Eigeninteressen zupasskam. Im Jahre 1517 wurde der Streit abschließend dahingehend entschieden, dass die Bäcker weiterhin verpflichtet wurden, ihre Hefe von den Brauern zu beziehen. Diese wiederum erhielten die Auflage, hierfür einen eigenen Keller zu errichten, in dem die Hefe – getrennt nach obergäriger und untergäriger Art – gelagert wurde. Nur während des Sommers, wenn nicht gebraut werden durfte (siehe S. 44), war den Bäckern die Herstellung eigener Hefen erlaubt. Die Tatsache, dass die Hefe nicht namentlich im Reinheitsgebot auftaucht, ist vermutlich dadurch zu erklären, dass sie durch den Brauvorgang selbst erzeugt und somit nicht als weitere Zutat, sondern als Ergebnis des Brauens angesehen wurde.

Das Reinheitsgebot galt zunächst nur für die Münchner Brauer, wurde aber wenige Jahre später in praktisch identischer Form von Herzog Georg dem Reichen auf seinen gesamten Landesteil, das Teilherzogtum Niederbayern, ausgedehnt. Dabei erlangte es nicht nur für den herzoglichen Einflussbereich, sondern für „alle Städte, Märkte, Klöster, Schlösser und Hofmarken" Gültigkeit. Nachdem Georg der Reiche 1503 ohne männliche Nachkommen verstarb, kam es nach Ende des über zwei Jahre erbittert geführten Landshuter Erbfolgekriegs zur Wiedervereinigung Bayerns unter Herzog Albrecht IV. Das Reinheitsgebot wurde schließlich 1516 als Satzung auf das gesamte Herzogtum Bayern ausgeweitet unter der Überschrift: „Wie das Bier Sommer und Winter auf dem Land soll geschenkt und gebraut werden".

Wenn heute auf das Reinheitsgebot verwiesen wird, dann ist stets jenes Gesetz gemeint, das aber auf der wesentlich älteren Münchner Verordnung beruht. Auf ganz Deutschland wurde das Reinheitsgebot erst im Jahre 1919 übertragen, nachdem Bayern dies zu einer Bedingung für den Beitritt zur Weimarer Republik gemacht hatte. Da das Gebot von 1516 auch für alle klösterlichen oder adeligen Braustätten galt, entstand damals ein einheitlich geregelter bayerischer „Bierraum", der seine Außenwirkung im Sinne eines Qualitätsmerkmals natürlich nicht verfehlte.

Professionalisierung des Bierbrauens

Nach der anfangs zögerlichen Expansion der Braubetriebe mehrten sich mit zunehmender Zahl der Brauereien die Klagen, dass immer mehr Personen das Brauhandwerk ausübten, die davon nur leidlich Ahnung hätten. Die Brauer forderten daher den Herzog auf, er solle künftig nur noch diejenigen mit dem Braurecht belehnen, die das Handwerk drei Jahre lang gelernt hätten. In diesem Sinne wurde schließlich auch vom Landesherrn entschieden und die bestehende Brauverfassung am 14. November 1493 entscheidend geändert.

„Von Gottes Gnaden wir Albrecht bekennen (…), dass für uns kommen sind unser getreu gemeinlich die Brieprewn allhier, und haben uns zu erkennen gegeben, wie dass unter ihnen etliche Prewn geworden seien, die mit der Hand weder mälzen noch prewen, sondern andere Handwerke können, (…) und uns darauf untertäniglich angerufen und gebeten (…), füro keinem mehr das Prewamt zu verliehen, es hab denn derselb das prewen drei Jahr vor gelernt und könnte das selbst mit der Hand arbeiten, oder er sei eines Prewn Sohne und ehelich geboren."

Brauer konnte ab dann also nur noch werden, wer entweder ehelicher Sohn eines Bräus war oder nach Lehre und Gesellenzeit mit einem Lehrbrief ausgestattet und in Besitz der Braustätte war. Ein Quereinstieg war von nun an nicht mehr möglich, denn für den Zugang zum Braugewerbe mussten zwingend zwei Voraussetzungen erfüllt werden: zum einen die persönliche Qualifikation in Form des

Rechte Seite: Weinstadel in der Burgstraße

Fotografie, 1910. Es handelt sich um eines der ältesten erhaltenen Bürgerhäuser Münchens, in dem heute die Gaststätte „Hofer – der Stadtwirt" untergebracht ist. Zu erkennen sind die typischen Münchner „Ohrwaschel" (Halbgiebel zu den Nachbarhäusern hin, da das Regenwasser gemäß einer Stadtrat-Verordnung auf das eigene Grundstück abgeleitet werden musste) sowie am rechten Hausrand die kleine Eingangstür, von der aus eine „Himmelsleiter" direkt von der Straße bis in den vierten Stock führt.

Lehrbriefes und einer gewissen Berufserfahrung, zum anderen die sachliche Grundlage, also die Braustätte. Deren Besitz war aber nicht verpflichtend, denn Letztere konnte im Prinzip nur durch Heirat oder Erbschaft erworben werden. Wer andererseits zwar mit der Braugerechtigkeit belehnt, selbst aber kein Brauer war, konnte das Gewerbe nicht mehr ausüben. Dadurch kam es zunehmend zur Verpachtung von Brauereien an ausgelernte Bräuknechte, die dann die Betriebserlaubnis in Form des herzoglichen Lehens erhielten und Mitglieder des Bräuamtes wurden. Auch der Besitz mehrerer Brauereien war möglich oder eine wechselseitige Verpachtung untereinander.

Dadurch erklärt sich auch der häufige Wechsel von Brauern auf den verschiedenen Brauereien. Dies war aber mitnichten Zeichen einer hohen Fluktuation im Braugewerbe. Denn anders als die tradierten Vorstellungen vom Mittelalter nahelegen, wurde zumindest bei den Brauereien in der Regel nicht über den Sohn des Brauers vererbt, sondern wesentlich häufiger über dessen Witwe oder Tochter. Diese heirateten oftmals einen gelernten Brauer, der Besitz der Brauerei blieb dabei aber oft in den weiblichen Händen.

Das Sommersudverbot

Noch während der Phase von Regulierung und Professionalisierung des Braugewerbes hatte sich die Vorliebe der Münchner bezüglich des Biers wieder einmal geändert. Waren noch 1502 alle Brauer vor dem Rat verpflichtet worden, nur obergärig nach dem Münchner Reinheitsgebot zu brauen, so hatte sich nun die untergärige Brauart etabliert. Diese wurde 1480 von böhmischen Bräuknechten eingeführt und verdrängte durch die längere Haltbarkeit des so gebrauten Bieres das bis dahin übliche obergärige Brauverfahren in München. Da diese neue Brautechnik jedoch nur bei niedrigen Temperaturen von maximal zehn Grad möglich war, konnte ein qualitativ ansprechendes Bier im Sommer nicht mehr gebraut werden. Daher enthielt das Bayerische Reinheitsgebot von 1516 bereits ein Sommersudverbot, das in einer nachfolgenden Verordnung im Jahre 1539 nochmals präzisiert wurde.

Danach war das untergärige Bierbrauen nur noch in der Zeit zwischen Michaeli (29. September) und Georgi (23. April) gestattet. Die Brauer hatten ausdrücklich dafür Sorge zu tragen, dass bis Ende März genug Bier gebraut wurde, das dann in den Lagerkellern aufbewahrt den ganzen Sommer über ausreichen musste. Dieses sogenannte „Märzenbier" wurde kräftiger eingesotten und wegen der längeren Lagerung stärker gehopft, sodass es zu dem höheren Preis von zwei Pfennigen abge-

geben werden durfte, während das (minderwertigere) Winterbier weiterhin auf einen Pfennig pro Mass begrenzt war.

Erneut wurde also neben der Qualitätssicherung auch eine behördliche Preisbindung festgeschrieben, angepasst an die neuen Gegebenheiten. Um das sommerliche Sudverbot überwachen zu können, das sicherlich auch wegen der erhöhten Brandgefahr in der heißen Jahreszeit sinnvoll war, wurden die Sudpfannen versiegelt und nur in wenigen Ausnahmefällen während dieser Periode erneut geöffnet, wenn ein außergewöhnlicher Bedarf nachgewiesen werden konnte. Meist wurde stattdessen am Ende des Sommers Bier aus anderen Städten, vor allem aus Bad Tölz, angekauft. Dort konnte das Bier in natürlichen Tuffsteinhöhlen deutlich länger kühl und damit genießbar gehalten werden, was für die Münchner Brauer eine unliebsame Konkurrenz darstellte. Vor jeder Brauerei in der Stadt war zudem eine schwarze Tafel anzubringen, auf welcher der „Satz", das heißt der Preis des ausgeschenkten Bieres, abgelesen werden konnte.

Trotz all dieser von der Obrigkeit erlassenen Vorschriften kann man sich vorstellen, dass die Qualität des Bieres nicht plötzlich eine sprunghafte Verbesserung erfuhr. Weiterhin hatten die Brauer mit der geringen Haltbarkeit ihres Produktes zu kämpfen, das ja stets im Wettbewerb mit anderen alkoholischen Getränken stand. Auch wenn zuvor das Verhältnis von Wein zu Bier im Mittelalter „geradegerückt" wurde, bedeutete natürlich auch in München der Handel mit Wein einen wichtigen Wirtschaftszweig. Ein Bild davon kann man sich auch heute noch bei Betrachtung der Weinstraße machen. Eine „Bierstraße" findet sich in der Hauptstadt des Bieres nirgends, wohl aber eine Straße, die den Namen des Konkurrenzproduktes trägt. Dies liegt darin begründet, dass die Brauereien über die ganze Stadt verteilt waren, während in der Weinstraße der Weinhandel zentral abgewickelt wurde. In nahezu jedem Haus dieser Straße war im Mittelalter eine Weinhandlung oder zumindest eine Weinschänke nachweisbar, weshalb hier die Filserbrauerei und der bereits um das Jahr 1500 wieder eingegangene Bräustadel neben dem ehemaligen Stadttor, dem Wilbrechtsturm, geradezu exotisch angemutet haben müssen.

Die ortsansässigen Weinhändler konnten die Ware in ihren Läden entlang der Straße veräußern, während die auswärtigen Händler sie unter freiem Himmel am Übergang zum Marienplatz auf dem dort gelegenen Weinmarkt anbieten mussten. Die bis zum Abend nicht verkauften Weinfässer wurden im städtischen Weinstadel deponiert. Dort mussten auch generell die in die Stadt eingeführten ausländischen Weine vor dem Weitertransport niedergelegt und zunächst den Kunden innerhalb Münchens eine gewisse Zeit zum Verkauf angeboten werden.

Das Herzogliche Hofbräu

Trotz Reinheitsgebot und allen weiteren Regelungen seitens der Obrigkeit war die Bierqualität in Bayern zu jener Zeit weiterhin sehr wechselhaft und oftmals schlecht. Hingegen war damals in Norddeutschland die Braukunst exzellent entwickelt und weit fortgeschritten. In Hamburg arbeiteten beispielsweise im 16. Jahrhundert über die Hälfte aller Gewerbetreibenden in den mehr als 600 Brauereien, die ihre Produkte unter Zuhilfenahme der Handelswege der Hanse in die ganze damals bekannte Welt verschifften. Besonders berühmt für ihr Bier war die nahe Hannover gelegene Stadt Einbeck, von der sich auch der bayerische Hof vor allem zu festlichen Gelegenheiten sein Bier liefern ließ. Wegen des langen Handelsweges wurde dieses Bier stärker eingesotten und hatte demzufolge auch einen wesentlich höheren Alkoholgehalt als sonst üblich. Auch Wilhelm V. (reg. 1579–1598), „der Fromme" genannt, importierte diese Köstlichkeit zu seinen höfischen Festen.

Nun verursachte der Import dieses Bieres durch die langen Wege und die zahlreichen Binnenzölle deutlich höhere Kosten, es war etwa doppelt so teuer wie einheimisches Bier. Herzog Wilhelm war aber beileibe kein Meister der Finanzen und hatte ständig mit Geldproblemen zu kämpfen. Vor allem jedoch war Einbeck nicht nur norddeutsch, sondern auch noch evangelisch, und Wilhelm V. verstand sich als Beschützer des „einzig wahren" katholischen Glaubens. Er hatte den Jesuiten, die von seinem Vater nach München geholt worden waren, als Hauptpfeiler der Gegen-

Herzog Wilhelm V. von Bayern (1548–1626)

Kupferstich von Bartholomäus Kilian, um 1650. Der Herzog hält ein Modell der Michaelskirche, deren immense Baukosten den Staatshaushalt während seiner Regierungszeit an den Rande des Ruins brachten.

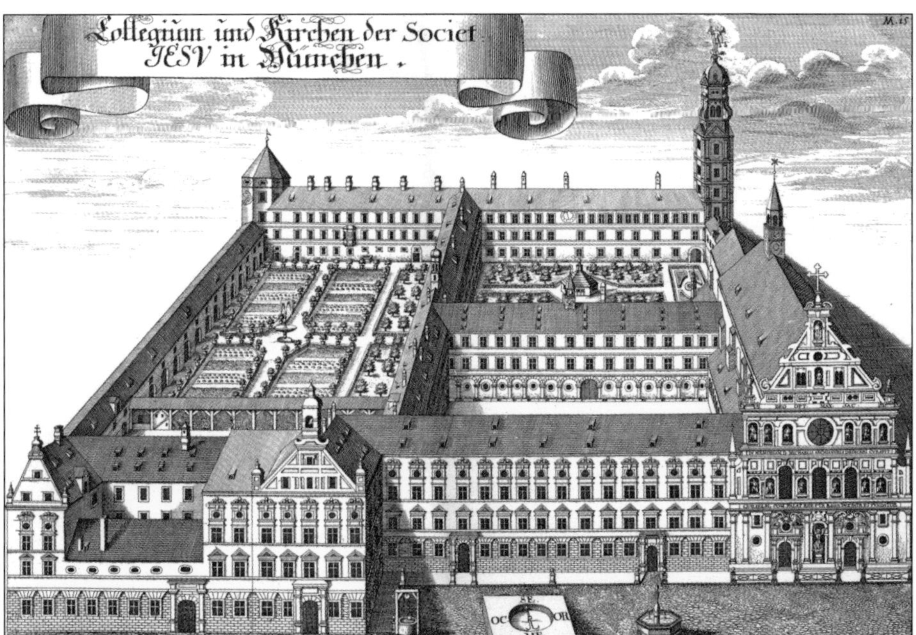

Jesuiten-Kolleg mit Kloster und Michaelskirche

Kupferstich von Michael Wening, 1701. Der im Hintergrund abgebildete Turm wurde nie in dieser Form vollendet, da er während der Bauarbeiten einstürzte und das bereits fertige Kirchenschiff zerstörte.

reformation den Bau der Michaelskirche mit dem angrenzenden Kolleg in der heutigen Fußgängerzone gestiftet. Für diesen Bau mussten zusammen mit mehreren Häuserblöcken auch drei alteingesessene Brauereien abgerissen werden.

Selbst knapp bei Kasse konnte dieser erzkatholische Herzog letztlich den Import eines „glaubensfeindlichen" Bieres auf Dauer nicht gutheißen, weshalb er bereits während seiner Prinzenzeit in Landshut nach Abhilfe suchte. Als Ausweg gründete er dort auf der Burg Trausnitz eine hofeigene Brauerei, das Hofbräu, für die „Notdurft", also den Bedarf der Hofangestellten. Zehn Jahre nach seiner Ernennung zum Herzog gab er dann den Bau eines Hofbräuhauses in München in Auftrag. Als Standort hatte er den „Alten Hof" erwählt. Am 27. September 1589 wurde das Bräuhaus an Stelle des ehemaligen Hennenhauses und des Hofbades errichtet. Diese Vorgebäude befanden sich an der östlichen Flanke, also dort, wo in der jüngsten Vergangenheit ein moderner Neubau die Nachkriegsgebäude ersetzte. Das „Braune Hofbräuhaus" – so benannt nach dem dort gebrauten Braunbier – nahm die gesamte Länge der Ostseite des Hofes ein und wurde außen vom Pfisterbach begrenzt, über dem heute die Sparkassenstraße verläuft. Das sogenannte „Zerwirkgewölbe", das zuvor verschiedenste Nutzungen, unter anderem als Falknerei, erlebt hatte, schloss sich nach Süden an und wurde vom Hofbaumeister Wendel Dietrich als Lagerraum umgebaut.

Der Alte Hof

Lindenholzmodell der Stadt München von Jakob Sandtner, 1570. Der Blick geht von Norden auf den Torturm. Die Gebäude auf der linken Seite des Hofes wurden 1589 durch den Bau des Braunen Hofbräuhauses ersetzt.

Münchner Bockkeller

Ölgemälde von Franz Xaver Nachtmann, 1829. Im Bockkeller am Platzl wurde das im benachbarten Hofbräuhaus gebraute Bockbier ausgeschenkt.

Erster Braumeister des Hofbräuhauses wurde Heimeran Pongratz, den Herzog Wilhelm aus dem Benediktinerkloster Geisenfeld in der Hallertau abgezogen hatte. Stand auch anfangs nur die Versorgung des Hofes mit Bier im Zentrum der Überlegungen, so wurde doch bald über dessen Bedarf hinaus gebraut und auch verkauft, was natürlich zu Lasten der bürgerlichen Brauer ging. Als Nachfolger Pongratz' wurde im Jahre 1612 der Einbecker Brauer Elias Pichler berufen. Zu seiner Zeit wurden am Hofe wieder Rufe nach dem früher gewohnten und nun vermissten stärkeren Importbier laut. Er begann daher 1614 mit dem Brauen eines „Ain-

Reklamemarke Thomasbräu, 1910/12

pöckisch Biers“ im Hofbräuhaus. Aus diesem wurde im Münchner Volksmund zunächst der „Oanbock“ und letztlich das heute noch bekannte „Bockbier“ (es klang wohl komisch, „oan Oanbock“ zu bestellen). Mit dem später oftmals auf Bockbieretiketten dargestellten horntragenden Nutztier hat der Name also nicht das Geringste zu tun.

Das Brauen dieses Bockbiers war bis zum Jahre 1810 ausschließlich dem Hofbräuhaus vorbehalten und es wurde als reines Saisonbier gebraut. Auch heute noch eröffnet der bayerische Finanzminister als jetziger Chef des Hofbräuhauses am jeweils letzten Donnerstag im April die Bockbiersaison, woher auch der Name Maibock rührt.

Das Weißbier kommt nach Bayern

Am Platzl liegt auf der östlichen Seite das heute weltberühmte Hofbräuhaus. Seine Entstehung verdankt es dem Sohn Wilhelms V., dem späteren Kurfürsten Maximilian I. (reg. 1597–1651), und es ist untrennbar mit der Entwicklung des Weißbiers in Bayern verknüpft.

Wie erwähnt, wurde im Alten Hof das Braune Hofbräuhaus gegründet, dessen Name sich auf die Farbe des damaligen Bieres bezog, die wiederum durch die Darrung des Gerstenmalzes entstand. Weißbier war in Bayern im Mittelalter unbekannt. Der angebliche Nachweis, dass das Münchner Heiliggeistspital schon 1286 ein Weizenbier gebraut habe, wurde zwischenzeitlich als Übersetzungsfehler korrigiert. (Gattinger)

In Böhmen jedoch war das Brauen von Weißbier, das durch die obergärige Brauweise aus Weizen mit zum Teil geringem Gerstenzusatz entstand, bereits seit dem Mittelalter bekannt. Obergärige Hefe benötigte im Gegensatz zur untergärigen für den Gärprozess Temperaturen von 15 bis 20 Grad, sodass damit praktisch bei Zimmertemperatur ganzjährig gebraut werden konnte. Erst im späten 15. Jahrhundert gelangte das neue Bier über die Fernhandelsstraße Furth–Cham zunächst in die Oberpfalz und von hier aus weiter in die angrenzenden Landstriche Niederbayerns. Belegt ist ein Ausschank dieses böhmischen Bieres im Jahre 1480 in der Stadt Cham. Eine weitere Verbreitung wurde jedoch durch das seit 1516 geltende Reinheitsgebot unterbunden, das ja den ausschließlichen Gebrauch von Gerste als Zutat vorschrieb. Herzog Albrecht V. (reg. 1550–1579) drängte das Weißbier darüber hinaus noch weiter zurück. Im Jahre 1567 schrieb er in einem Mandat den Brauern vor, dass nur noch mit eigenem oder höchstens im Ausland gekauftem Weizen gebraut werden durfte. Der Ausschank des Weißbiers war zusätzlich auf die Märkte und Städte nördlich der Donau in einem relativ kleinen Gebiet angrenzend an den Böhmerwald beschränkt. Und schließlich bezog sich diese Ausnahmegenehmigung nur auf die bereits bestehenden Braustätten, die Errichtung von neuen war nicht gestattet.

Grund für diese Haltung war zum einen, dass die Verwendung des teuren, wertvollen Weizens vor allem in Zeiten immer wiederkehrender Missernten die ausreichende Versorgung der Bevölkerung mit Brot gefährdete. Zum anderen aber scheint dieser Herzog auch noch einen persönlichen Groll gegenüber dem Weißbier gehegt zu haben. Dieses sei „gar ein unnütz Getrank, das weder führt noch nährt, weder Stärk noch Krafft noch Macht gibt, und dahin gericht ist, dass es die Zechleut oder diejenigen, dies trinken, nur zu mehrerm trinken reizt und ursacht“ (Gattinger). Aber gibt es eine eigentlich treffendere Beschreibung für ein gelungenes Bier?

Wie nun schon mehrmals zu beobachten war, wurde auch dieses Mandat nicht mit der nötigen Strenge durchgesetzt. Jedenfalls gab es Ende des 16. Jahrhunderts über 20 Braustätten, vor allem im niederbayerischen Raum, die das hier geschätzte weiße Bier herstellten. Außerdem hatten erst der Vater und später der Sohn von Herzog Albrecht V. zwei niederbayerische Adelsfamilien als Belohnung für besonders treue Dienste mit dem exklusiven Privileg ausgestattet, Weißbier brauen und verkaufen zu dürfen. Die zuerst belehnte Familie der Degenberger betrieb ihre Brauhäuser in den Orten Schwarzach, Linden und Zwiesel. Auf Grund ihrer „modernen“ Einstellung bezüglich neuer Technologien prosperierte der Braubetrieb, und die Einkünfte hieraus wurden rasch zum wichtigsten Einnahmeposten dieses Adelsgeschlechts. Dadurch konnte es sich unter anderem in München ein auffallend großes Gebäude am späteren Platzl leisten.

Die zweite Familie war die der Schwarzenberger, die wegen ihrer besonderen Verdienste im Zuge der Gegenreformation belohnt wurde und ein deutlich kleineres Brauhaus in dem Ort Winzer an der Donau unterhielt. Auch ihr war der Verkauf von Weißbier in ihrer Umgebung erlaubt worden, weshalb sie mit der nahe gelegenen Degenberger Familie eine Grenze ihrer jeweiligen Absatzgebiete vereinbarte, die in etwa durch die Stadt Deggendorf verlief.

Im Jahre 1602 verstarb nun Hans Sigmund von Degenberg, der letzte männliche Nachfahre dieses Geschlechts. Auf Grund eines Erbschaftsvertrages fiel sein gesamter Besitz einschließlich der erwähnten Braustätten zurück an die Wittelsbacher Herzöge. Zu dieser Zeit hatte Herzog Maximilian I. bereits seinen Vater als Herrscher abgelöst.

Herzog Wilhelm V. hatte keine glückliche Hand bewiesen, was die Haus- und Staatsfinanzen anbelangte. Vor allem durch das ehrgeizige Projekt der Michaelskirche hatte er den Staatshaushalt an die Grenze des Bankrotts gebracht und eben-

Schloss mit Bräuhaus in Schwarzach

Kupferstich von Michael Wening, 1726. Der große Gebäudekomplex in der linken Bildhälfte ist das Brauhaus. Das Sudhaus befand sich im östlichen Trakt der Anlage, der heute noch erhalten ist.

falls die sogenannte „propria cassa", den Hausschatz der Familie Wittelsbach, komplett geleert. Unter diesen Eindrücken aufgewachsen, versuchte Herzog Maximilian, neue Einnahmequellen zu erschließen. Von den Jesuiten erzogen, war es seine Überzeugung, dass nur ein vom Fürsten straff geführter, wirtschaftlich erfolgreicher Staat seine Unabhängigkeit sowohl in innen- als auch außenpolitischer Hinsicht garantierte. Außerdem fühlte er sich moralisch verpflichtet, den von seinem Großvater eingerichteten Hausschatz der Familie wieder aufzufüllen.

Schon vor dem Ableben des Hans Sigmund von Degenberg hatte er daher Erkundigungen eingezogen, ob speziell mit dem Brauen von Weißbier Gewinn zu machen sei, wobei die Aussichten hierfür als außerordentlich positiv bewertet worden waren. Nur wenige Wochen nach Degenbergs Tod wurden die Brauhäuser unter nun herzoglicher Regie weiterbetrieben, und dies bei vorerst ungeklärter Rechtslage. Die Erbengemeinschaft der Degenberger hatte nämlich trotz Erbschaftsvertrag einen Rechtsstreit begonnen, der sich über mehrere Jahre hinzog und in den sich auch der Kaiser einmischte. Erst durch einen Vergleich im Jahre 1607 wurde er beendet, bis dahin war der Betrieb der Brauereien juristisch betrachtet nicht gesetzmäßig oder zumindest fragwürdig.

Das Weißbiermonopol

Kurfürst Maximilian I. von Bayern (1573–1651)

Kupferstich von Heinrich Lips, nach Maximilian Franck, um 1850.

In den weiteren Jahren ging Herzog Maximilian I. zielstrebig daran, das Weißbierbrauen zu einem staatlichen Monopol auszubauen. Einerseits kaufte er bereits bestehende Weißbierbrauereien hinzu, wie zum Beispiel das der Familie Schwarzenberg in Winzer sowie die Brauhäuser in Gossersdorf, Vilshofen und Cham. Die ebenfalls oft schon lange nach Gewohnheitsrecht bestehenden kommunalen Brauhäuser in den Orten Viechtach, Regen, Kötzting, Furth im Wald, Neukirchen, Eschlkam, Schönberg, Grafenau und Hals durften zwar den Braubetrieb fortführen. Von nun an mussten sie jedoch hierzu eine herzogliche Genehmigung beantragen und als Ausgleich dafür die Hälfte, im Höchstfall sogar bis zu zwei Drittel der Gesamteinkünfte an die herzogliche Hofkammer, die oberste Finanzbehörde, abführen. Dieser hatte Maximilian I. unmissverständlich als Hauptaufgabe vorgeschrieben, Möglichkeiten zur Verbesserung der Staatsfinanzen zu erschließen, weshalb ihr auch von Anfang an das „weiße Brauwesen" unterstand.

Zur Abrundung seines „Portfolios" gründete Maximilian I. in mehreren seiner Städte weitere Brauhäuser, die sozusagen als Lizenzbetriebe Weißbier herstellten und verkauften. Diese Hofbräuhäuser entstanden in Traunstein und Kelheim, wo die Brauereien noch heute in Betrieb sind, sowie in Mattighofen (heute Österreich), Mindelheim, Weichs und Mering.

Die Hofkammer überwachte bis ins kleinste Detail die Braubetriebe, jede noch so unbedeutend erscheinende Anfrage musste über diese Behörde laufen. Durch diese straffe Organisation wurde das „weiße Brauwesen" zu einem ausgesprochen lukrativen Wirtschaftszweig ausgebaut, sodass die Einnahmen daraus bald diejenigen aus dem Salzmonopol übertrafen, dem bis dahin wichtigsten Einzelposten auf der Einnahmeseite der Staatsfinanzen. Der Salzhandel war ursprünglich kostbares Privileg der Stadt München und wurde erst 1587 von Herzog Wilhelm V. zum Monopol des Herrscherhauses „erklärt", was trotz aller finanzieller Entschädigungen dem Selbstbewusstsein der Stadt einen empfindlichen Schlag versetzte. Durch die sprudelnden Einkünfte konnte Herzog Maximilian I. nicht nur den von seinem Vater ruinierten Staatshaushalt wieder sanieren und später auch die immensen Kosten des Dreißigjährigen Kriegs decken, er füllte auch wie geplant die „propria cassa" wieder auf. Über die Höhe dieses geheimen Hausschatzes weiß man nichts Genaues, die gesamten Zuflüsse werden aber auf über elf Millionen Gulden geschätzt. Etwa 30 Prozent der gesamten Staatseinnahmen wurden auf dem Höhepunkt des „weißen Brauwesens" allein durch das Weißbiermonopol gedeckt. (Gattinger)

Hofbräu

In München wollte Maximilian neben der bestehenden hofeigenen Braunbierbrauerei ebenfalls eine zweite Braustätte für das Weißbier einrichten. Nach einigen Brauversuchen holte er sich schließlich im Jahre 1602 Peter Wolf, den Braumeister des ehemaligen Degenberger Brauhauses in Schwarzach, nach München. Dieser unterwies die Belegschaft des Braunen Hofbräuhauses in der Technik des Weißbierbrauens. Erster eigenständiger Braumeister für das „weiße Brauwesen“ wurde ein Jahr später Hans Amman, der bereits im ersten Jahr einen Gewinn von über 8.000 Gulden erwirtschaftete. Das Weißbier wurde nämlich auch an die Wirte in der Stadt verkauft, was regelmäßig zu einem Verkehrschaos durch die Unmenge an Fuhrwerken führte, die das frische Bier abholten und die alten Fässer zurückbrachten.

Durch den sogenannten „Bierzwang“ waren die Wirte verpflichtet, ihr Bier ausschließlich von ortsansässigen Brauereien zu beziehen. Zudem musste jeder, der braunes Bier verkaufte, also auch alle Brauereien, das deutlich teurere Weißbier zusätzlich bevorraten und ausschenken. Das herzogliche Bier stellte somit eine empfind-

Altes Hofbräuhaus am Platzl

Fotografie, vor 1896.

liche Konkurrenz für die bürgerlichen Brauer dar, vor allem im Sommer. Da es auf Grund der obergärigen Brauweise das ganze Jahr über frisch eingesotten werden konnte, wurde es von den Gästen natürlich dem zunehmend saurer werdenden, bereits im März gebrauten Braunbier vorgezogen.

Nachdem braunes und weißes Bier anfänglich im Alten Hof im Tag-/Nacht-Wechsel gebraut wurden, erforderte die stets größer werdende Nachfrage den Bau eines zweiten, eigenen Brauhauses für das Weißbier. In den Folgejahren wurde intensiv nach einem geeigneten Areal gesucht und schließlich im Jahre 1607 am Platzl der Neubau fertiggestellt, der die gesamte Ostseite des Platzes einnahm. Seinen charakteristischen Namen erhielt der Platz allerdings erst wesentlich später. Der Betrieb des braunen Hofbräuhauses im Alten Hof wurde 1808 eingestellt und die Produktion ins Bräuhaus am Platzl verlegt, wo dann beide Bierarten nebeneinander hergestellt wurden. Ein Ausschank war hier anfänglich nur während der Bockbiersaison gestattet, denn auch dieses spezielle Bier wurde in demselben Haus hergestellt. Erst im Jahre 1828 erlaubte König Ludwig I. (reg. 1825–1848) durch die „Gastung" den dauerhaften Ausschank im Hofbräuhaus.

Neubau des Hofbräuhauses

Fotografie, 1900.

Kneiphof des Hofbräuhauses

Postkarte, datiert auf 16. Mai 1916.

Die Brauerei wurde 1896 unter Prinzregent Luitpold (reg. 1886–1912) nach Haidhausen verlegt, wo sich der Lagerkeller des Hofbräus befand. Am 6. April 1987 fand der Braubetrieb jedoch ein abruptes Ende, als ein Brand die Brauereianlagen zerstörte. Daraufhin folgte der Umzug nach München-Riem, wo auch heute noch das Hofbräubier eingesotten wird. Der Hofbräukeller am Wiener Platz wird weiterhin als Gaststätte genutzt, auf dem Gelände der ehemaligen Stallungen lädt heute

Die „Schwemme" des Hofbräuhauses

Postkarte, undatiert, damaliger Pächter Hans Bacherl (1930–1945).

Der Festsaal im Hofbräuhaus

Postkarte, undatiert, damaliger Pächter Karl Mittermüller (1906–1919).

ein Biergarten zur Einkehr ein. Das Hofbräuhaus am Platzl wurde nach der Verlegung der Brauerei grundlegend in den heutigen Bierpalast umgebaut. Im Treppenhaus links vom Haupteingang des Hofbräuhauses hängen Abbildungen mit dem Zustand vor und nach dem Umbau, den das Architekturbüro Heilmann und Littmann durchführte. Sie waren die einzigen Architekten, die in der Lage waren, die für die Bierpaläste typischen Tonnengewölbe in der damals innovativen Monierbauweise zu errichten.

Alle Bierpaläste hatten einen weitgehend einheitlichen Aufbau: Der sogenannte „Kneiphof“ stammte ursprünglich aus Berlin und wurde in die brachliegenden Hinterhöfe eingebaut, der größte davon im Hofbräuhaus. In der „Schwemme“, die meist aus umgebauten Betriebsräumen entstand, durfte eigenes Essen mitgebracht werden. Im Hofbräuhaus liegt auch die größte derartige Bierschwemme Münchens mit 720 m² Grundfläche und einer Raumhöhe von bis zu sieben Metern. Der „Festsaal“

Bräustube im Löwenbräukeller

Fotografie, um 1914.

hatte mehrmals pro Woche geöffnet mit Ausschank am späten Nachmittag und Konzerten in der kalten Jahreszeit. Die „Bräustuben" schließlich beherbergten einen Gaststättenbetrieb mit deutlich gehobener Ausstattung und auch teurerem Bier.

Die Bierpaläste erfreuten sich zunehmender Beliebtheit, da die Bevölkerung zwar unter der Woche zu den umliegenden Wirtschaften ging, am Wochenende aber ihr Geld lieber in den prächtig eingerichteten Bierpalästen ausgab. Dies führte auf Dauer zum Ruin vieler kleinerer Gasthäuser. Gerade weil in den Bierpalästen eine hierarchische Struktur in den Räumlichkeiten herrschte, ging auch die bessere Gesellschaft dorthin, da sie sich nicht mit Krethi und Plethi an einen Tisch setzen musste.

Die Stammgäste des Hofbräuhauses können sich heute für derzeit drei Euro pro Jahr ihren eigenen Keferloher Bierkrug einsperren lassen. Im Moment zählt das Hofbräuhaus etwa 35.000 Besucher täglich und bringt jährlich Einkünfte in zweistelliger Millionenhöhe für den bayerischen Staat. Der Ausstoß an Weißbier lag 2006 bei beachtlichen 49.000 Hektolitern, was jedoch immer noch nicht die Produktion unter Herzog Maximilian im Jahre 1647 mit damals 52.000 Hektolitern übertrifft. ■

Linke Seite:

Kneiphof der Pschorrbräu-Bierhallen

Fotografie, 1918.

Die „Schwemme" im Weißen Bräuhaus

Fotografie, um 1905.

Die Entwicklung im Dreißigjährigen Krieg

Während des Dreißigjährigen Kriegs war die mittelalterliche Stadt zusätzlich von einem Festungsgürtel aus sternförmigen, wallartigen Bastionen umgeben worden. Dieser sichtbaren bedrückenden Einengung der Stadt von außen wurde im Inneren durch eine starre Reglementierung des bürgerlichen Lebens entsprochen. Kurfürst Maximilian I. muss wohl Züge eines religiösen Fanatikers gehabt haben, der selbst einen asketischen Lebenswandel führte und auch vor Selbstgeißelung nicht Halt machte. Entsprechend wurden zunehmend Verordnungen erlassen, die den Bürgern durch Auflagen und Verbote das ohnehin harte Leben erschwerten. So wurde es untersagt, an Gebettagen – und davon gab es reichlich – die Wirtshäuser zu öffnen, öffentliches Singen und Musizieren stand unter Strafe. Am 19. Mai 1627 ordnete ein kurfürstlicher Befehl an, dass „das uberflissige Trinken und Sitzen bey den Bierkellern, Pfeiffen und Geigen bey ernstlicher Straf abgeschafft wirdet". Dieses praktisch komplette Verbot, in Wirtshäusern oder anderen Schänken zu sitzen, zeigte so verheerende Auswirkungen im Wirtschaftsleben der Stadt, dass sich der Rat genötigt sah, beim Kurfürsten um eine Wiederaufhebung zu bitten. Teilweise war auch der Bierpreis mit einem hohen Aufschlag verbunden, um Geld für die Beseitigung der Kriegsschäden zu erhalten.

Durch die kriegerischen Auseinandersetzungen, die wiederholte Besetzung Münchens durch feindliche oder auch angeblich befreundete Truppen, die meist besonders schlimm wüteten, sowie durch zwei Pestausbrüche war die Zahl der steuerzahlenden Bürger am Ende des Dreißigjährigen Kriegs um etwa ein Drittel zurückgegangen, und auch die Brauer waren entsprechend dezimiert. Die Zahl der Braustätten wurde von nun an auf die 54 noch arbeitenden Betriebe beschränkt, eine erneute Ausweitung ließ die starre Reglementierung während der Barockzeit nicht mehr zu. Daher finden sich im 17. und 18. Jahrhundert keinerlei Neugründungen von Brauereien mehr.

Aufschwung im 18. Jahrhundert

Dennoch begann nun ein weiterer Aufschwung des Bierbrauens. Durch die jahrzehntelang marodierenden Heerscharen waren in Norddeutschland die meisten Brauereien in Schutt und Asche gelegt worden, während im Süden die letzten noch bestehenden Weinanbaugebiete vernichtet worden waren. Wegen der zusätzlich deutlich verschlechterten klimatischen Gegebenheiten lohnte sich eine Neuanpflanzung nicht mehr, sodass die ehemalige Konkurrenz durch den vergleichsweise billigen regionalen Wein für das Bier wegfiel. Nach und nach begann der Wiederaufbau, Stadt und Umland erholten sich und die Bevölkerung Münchens wuchs wieder. Bis 1800 war eine Zahl von fast 50.000 Einwohnern erreicht, wobei die größeren Vororte Au, Giesing, Haidhausen und Lehel bereits mitgezählt wurden.

Dadurch stieg auch die Nachfrage nach Bier immer weiter an, weshalb die verbliebenen Brauereien gezwungen waren, ihre Produktion zu steigern, um den Bedarf zu decken. Jedoch war der Ausstoß in dieser vorindustriellen Zeit durch die Arbeitskraft des Brauers limitiert, sodass eine durchschnittliche Zahl von 60 bis 65 Suden pro Jahr und Brauer kaum überschritten werden konnte. Der Ausstoß einer Brauerei zeigte dabei typischerweise eine Lebensarbeitskurve, das heißt zunächst einen Anstieg bei Übernahme der Brauerei durch den neuen Bräu, eine Konsolidierung während dessen Hauptschaffensperiode sowie einen Rückgang am Endes seines Arbeitslebens.

Ein Sud wurde aus vier Scheffeln Gerste, einem Scheffel Hopfen und 30 Eimern Wasser erzeugt, wobei ein Scheffel wie erwähnt 222 Litern und ein Eimer 68 Litern entsprach. Dies ergab im Durchschnitt etwa 14 Eimer Sommer- (mit zusätzlichem Nachbier) beziehungsweise 19 Eimer Winterbier, wobei aber im Laufe der Zeit deutliche Abweichungen von dieser vorgeschriebenen Produktionsmenge auftraten.

Während im 17. Jahrhundert aus einem Sud ca. 1.250 Liter Sommerbier entstanden, stieg dies im 18. Jahrhundert auf ca. 1.725 Liter an, möglicherweise durch die Verwendung größerer Sudpfannen (mit durchschnittlich sechs Scheffeln Gerste) bedingt.

Die Brauer waren zur Steigerung der Produktion darauf angewiesen, die Betriebsabläufe zu optimieren, soweit es die äußeren Rahmenbedingungen zuließen. Im Jahre 1627 ist die erstmalige Transferierung einer ursprünglich radizierten Braugerechtigkeit auf ein anderes Grundstück belegt, wobei im entsprechenden Schriftstück ausdrücklich darauf hingewiesen wurde, dass es sich um die erste derartige Transaktion gehandelt habe und diese nur unter Ausnahmebedingungen gestattet worden sei.

In die Regierungszeit des aufgeklärten Kurfürsten Maximilians III. Joseph (reg. 1745–1777) fiel die für das Brauwesen bedeutsame Regelung, dass die künftigen Brauer nach der Lehre zusätzlich eine zweijährige Wanderzeit als Gesellen zu absolvieren hatten. Im Jahre 1773 löste der Regent das Kolleg der in Ungnade gefallenen Jesuiten auf, wodurch auch deren Braustätte in der Neuhauser Gasse geschlossen wurde.

Unter Maximilian III. erfolgte auch die Festlegung der Brauereinamen in den staatlichen Sudenverzeichnissen, wobei in der größten Zahl der Fälle der Familienname eines Brauers verwendet wurde. Allerdings war nur beim Hacker-, Zenger-, Mader- und Singlspielerbräu der Name des gerade amtierenden Brauers ausschlaggebend, während ansonsten meistens die Begründer der Familientradition namensgebend waren. Hierbei handelte es sich vorwiegend um Brauer des 16. und vor allem 17. Jahrhunderts. Beispielhaft sei Georg Spät genannt, der 1622 Brauer im späteren Oberspatenbräu war, der heutigen Spatenbrauerei. Diese Art der Namensgebung unterstreicht nochmals die Bedeutung der Vererbung der Braubetriebe über die weibliche Linie.

Bei der Löwenbrauerei war hingegen, wie bereits erwähnt, ein auffallendes Fresko für den Namen verantwortlich. Andere Brauereien wurden nach topografischen Gegebenheiten benannt (Thorbräu, Birnbaumbräu, Schlösslbräu). Im Falle des Hirschbräus trug das Haus bereits 170 Jahre vor der Brauereigründung den Namen seines damaligen Besitzers, Peter Hirschhauser. Gelegentlich wurden im Nachhinein Symbole, die den Namen versinnbildlichen sollten, an den Brauereien angebracht (zum Beispiel ein Fuchs an dem nach Paul Fux benannten Fuchsbräu). Die Namen wurden bis zur Einstellung des Braubetriebes, bei den noch aktiven Brauereien bis heute beibehalten.

Ausschank der Märzenbiere

1776 wurde in einer höchst komplizierten Anweisung der Ausschank der Märzenbiere geregelt. Während des Sommersudverbotes wurden per Los jeweils zwei Brauer (einer für die Pfarrei Unserer Lieben Frau – Mariae Pfarr, also die Nordhälfte der Stadt; einer für St. Peter – Petri Pfarr, d.h. die Südhälfte; Grenzlinie: Tal, Kaufinger und Neuhauser Gasse) bestimmt, die ihr bereits für den Sommerbedarf eingesottenes Märzenbier für jeweils etwa fünf Tage verkaufen durften. Die Menge des ausgeschenkten Bieres wurde dabei von den Brauern selbst entsprechend der eingeschätzten Absatzchancen festgelegt. Bis deren Vorräte erschöpft waren, mussten auch alle anderen Brauer in ihren Gaststätten dieses Bier ausschenken, erst danach waren die nächsten zwei ausgelosten Brauer an der Reihe. Dies führte dazu, dass im Falle eines minderwertigen, schlecht verkäuflichen Bieres ein Brauer unter Umständen zusehen musste, wie sein eigenes, anfänglich noch gutes Bier in der Zwischenzeit ebenfalls sauer wurde. Die erwählten Brauereien waren an einem ausgehängten grünen Kranz oder Ring zu erkennen, der kurz vor Ablauf des Loses dem nächsten ausgewählten „Prew“ zugeschickt wurde.

Im Jahre 1784 wurde zudem genauestens die Reihenfolge des Ausschanks zwischen den Lagerkellern in den innerstädtischen Brauereien (erstes Los) und den neu gebauten Kellern außerhalb der Stadt (drittes Los) geregelt. Im zweiten Los konnte jeder Brauer entscheiden, ob er Bier aus den Kellern in der Stadt oder aus den außerhalb gelegenen Bierkellern ausschenkte. Als Beispiel für jene Regelung mag die am 31. Dezember 1797 veröffentlichte Liste der Märzenbierlose für das folgende Jahr 1798 dienen (siehe S. 64).

Aus dieser Liste kann eine gewisse Strategie der damals 52 Brauereien abgelesen werden: Diejenigen Brauer, die sich auf Grund ausreichender Lagerkeller zutrauten, auch in den späteren Sommermonaten noch über genießbares Bier zu verfügen, verschoben ihre selbst festgelegten Kontingente in die hinteren Lose, diejenigen mit schlechten Lagermöglichkeiten hingegen versuchten, den Ausschank bereits Anfang des Sommers komplett „unterzubringen“. Der Preis für eine Mass Bier war weiterhin von der Obrigkeit festgelegt und betrug um 1750 herum bereits 12 Pfennig. Die Brauer hatten sich mittlerweile auch als Zunft zusammengeschlossen und eine gewisse Selbstständigkeit bei inneren Angelegenheiten erlangt, die Verleihung des her-

Hopfenkrone

Hergestellt um 1850 aus bemaltem Eisen.

1. Los:	Mariae Pfarr		Petri Pfarr	
		Eimer		Eimer
1.	Oberkandlerbräu	250	Högerbräu	300
2.	Schleibingerbräu	300	Stubenvollbräu	350
3.	Schützbräu	300	Oberspatbräu	300
4.	Büchelbräu	250	Löwenhauserbräu	250
5.	Filserbräu	300	Eberlbräu	250
ferner im ersten Los:				
1.	Krapfbräu	300	Sterneckerbräu	300
2.	Speckmayrbräu	250	Leißtbräu	250
3.	Priglbräu	300	Hackerbräu	375
4.	Franziskanerbräu	250	Hallmayrbräu	300
5.	Wagnerbräu	200	Heißbauernbräu	250
6.	Menterbräu	300	Unterpollingerbräu	300
7.	Unterkandlerbräu	250	Unterottlbräu	250
8.	Lodererbräu	300	Platzlbräu	400
9.	Kapplerbräu	300	Hascherbräu	250
10.	Fuchsbräu	250	Singlspielerbräu	350
11.	Metzgerbräu	350	Bauernhanslbräu	200
12.	Hallerbräu	250	Gilgnbräu	300
13.	Oberpollingerbräu	300	Hirschbräu	300
14.	Gilgenrainerbräu	250	Kalteneckerbräu	300
15.	Unterspatbräu	300	Dirnbräu	350
16.	Löwenbräu	250	Oberottlbräu	350
17.	Maderbräu	300	Schlößlbräu	250
18.	Kreuzbräu	250	Faberbräu	300
			Thorbräu	250
	Los gesamt:	**13.425 Eimer**		

2. Los:	Mariae Pfarr		Petri Pfarr	
		Eimer		Eimer
1.	Gilgenrainerbräu	250	Schlößlbräu	250
2.	Faberbräu	300	Hackerbräu	350
3.	Priglbräu	250	Hallerbräu	150
4.	Hirschbräu	200	Eberlbräu	250
5.	Speckmayrbräu	250	Sterneckerbräu	300
6.	Unterkandlerbräu	250	Hascherbräu	250
7.	Lodererbräu	300	Oberottlbräu	300
8.	Krapfbräu	250	Leißbräu	350
9.	Hallmayrbräu	300	Bauernhanslbräu	300
10.			Unterottlbräu	300
	Los gesamt:	**5.150 Eimer**		

3. Los:	Mariae Pfarr		Petri Pfarr	
		Eimer		Eimer
1.	Faberbräu	250	Krapfbräu	300
2.	Hackerbräu	350	Hascherbräu	275
3.	Oberottlbräu	300	Eberlbräu	200
4.	Thorbräu	350	Oberkandlerbräu	450
5.	Fuchsbräu	400	Schlößlbräu	200
6.	Pacherbräu	350	Priglbräu	350
7.	Zengerbräu	300	Büchelbräu	300
8.	Menterbräu	450	Schützbräu	400
9.	Metzgerbräu	450	Wagnerbräu	450
10.	Löwenhauserbräu	350	Heißbauernbräu	400
11.	Platzlbräu	300	Kapplerbräu	350
12.	Oberpollingerbräu	400	Stubenvollbräu	400
13.	Oberspatbräu	400	Maderbräu	350
14.	Probstbräu	450	Dirnbräu	400
15.	Franziskanerbräu	400	Filserbräu	375
16.	Kalteneckerbräu	450	Kreuzbräu	450
17.	Unterpollingerbräu	350	Schleibingerbräu	400
18.	Högerbräu	300	Singlspielerbräu	375
19.	Löwenbräu	400	Gilgnbräu	400
20.	Birnbaumbräu	400	Unterspatbräu	400
21.	Leißbräu	400	Gilgnbräu	350
22.	Pacherbräu	450	Unterpollingerbräu	250
23.	Unterspatbräu	400	Oberkandlerbräu	350
24.	Fuchsbräu	350	Kreuzbräu	400
25.	Büchelbräu	350	Sollerbräu	350
26.	Kapplerbräu	400	Franziskanerbräu	350
27.	Löwenbräu	250	Oberpollingerbräu	375
28.	Singlspielerbräu	400	Zengerbräu	400
29.	Unterottlbräu	350	Unterkandlerbräu	350
30.	Hallmayrbräu	450	Schleibingerbräu	400
31.	Maderbräu	400	Hallerbräu	400
32.	Wagnerbräu	400	Sterneckerbräu	300
33.	Bauernhanslbräu	350	Lodererbräu	350
34.	Speckmayrbräu	350	Birnbaumbräu	400
35.	Löwenhauserbräu	350	Probstbräu	450
36.	Schützbräu	400	Gilgenrainerbräu	375
37.	Stubenvollbräu	400	Kalteneckerbräu	350
38.	Platzlbräu	300		
39.	Unterkandlerbräu	400	Kapplerbräu	300
40.	Fuchsbräu	375	Eberlbräu	300
41.	Büchelbräu	250	Kalteneckerbräu	250
42.	Probstbräu	450	Gilgnrainerbräu	375
43.	Stubenvollbräu	200	Wagnerbräu	250
	Los gesamt:	**30.725 Eimer**		

zoglichen Braulehens war aber nach wie vor Grundvoraussetzung für die Aufnahme des Brauhandwerks.

Münchens Brauereien vor der Industrialisierung

Vom Isartor aus dringt man heute auf demselben Weg ins Stadtzentrum vor, wie dies auch in den Jahrhunderten vor uns die Reisenden und Händler taten. Das Braugewerbe benötigte bis zum Ende des 15. Jahrhunderts offensichtlich vorwiegend diese Klientel, da die Brauereien ja nebenbei auch immer die Berechtigung zur Beherbergung und Verköstigung von Gästen hatten. Alle Brauereien lagen deshalb zunächst an den großen Einfallstraßen so nahe wie möglich zur schlecht zugänglichen „Inneren Stadt" hin. Im Tal wie auch in der Sendlinger oder Neuhauser Straße und schwächer ausgeprägt in den beiden parallel nach Norden führenden Zügen der Residenz- und Theatinerstraße lagen die Brauereien zum Teil Tür an Tür. Die Braustätten entsprachen dabei dem typischen Aufbau von Handwerksbetrieben der damaligen Zeit. Die schmalen Grundstücke reichten meist von einer Straße bis zur nächsten Parallelstraße durch, wobei im rückwärtigen Teil der Anwesen Lagerräume, Werkstätten oder Ähnliches lagen. Die Brauereien konzentrierten sich allerdings vorwiegend dort, wo sich die Zufahrtsstraßen bis heute auffällig sichtbar zu kleinen Plätzen verbreiterten, nämlich jeweils im letzten Drittel der Straßen vor Erreichen der „Inneren Stadt". Dort konnten Fuhrwerke wenden und Waren ab- und aufgeladen werden. Im 15. und 16. Jahrhundert wurde die Kapazität eines „Hotels" auch nicht nach der Zahl der Betten, sondern nach den Unterstellungsmöglichkeiten für Pferde angegeben (H. Stahleder). Diese lag im Jahre 1550 z.B. bei 24 Pferden beim Hacker- und Högerbräu, 40 beim Franziskanerbräu und nur 4 beim Eberlbräu.

Ab dem 16. Jahrhundert war dieser Standortvorteil wohl nicht mehr so wichtig, denn die Brauereien scheinen nicht mehr ausschließlich auf Laufkundschaft angewiesen gewesen zu sein und neue Brauereien siedelten sich dann auch wieder in der „Inneren Stadt" oder abseits der Hauptverkehrsstraßen an. Die genauen Gründe für diese Entwicklung sind nicht bekannt, eventuell bestand ein Zusammenhang mit dem Rückgang des Salzhandels, sodass diese Hauptstraßen nicht mehr so stark frequentiert waren. Bezogen auf die Gesamtzahl der Braustätten blieben diese Neugründungen im „Hinterland" dennoch Ausnahmen.

Vor allem die Sendlinger Straße präsentierte sich damals als regelrechte „Brauereimeile". Im Nachbarhaus der Hackerbrauerei beispielsweise befand sich der im Jahre 1432 gegründete Faberbräu, in dem unter dem Wirt Jacob Krazer im 18. Jahrhundert eine Komödie eingerichtet wurde. Später entstand hier die „Deutsche

Zunftlade der Münchner Brauer

Hergestellt um 1700. Auf der Deckelinnenseite ist der Brauer-Schutzpatron St. Bonifatius zu sehen, darunter die bayerischen Rauten und das Münchner Stadtwappen. Bis heute erneuern die Direktoren der Münchner Brauereien am Brauertag bei geöffneter Lade ihren Eid auf das Reinheitsgebot.

Schaubühne", in der die Münchner Uraufführungen mehrerer Schiller-Werke wie „Kabale und Liebe" und „Don Carlos" stattfanden. Die Brauerei erhielt ein besonderes Theaterprivileg und durfte 1793 ein zweites Theater in dem Gebäude einrichten. Insgesamt lagen dereinst 18 Brauereien an der Sendlinger Straße, im ersten Straßendrittel zum Teil direkt nebeneinander. Darunter befanden sich solch klangvolle Namen wie Unterpollingerbräu, Gilgenrainerbräu, Löwenhauserbräu oder Singlspielerbräu, an den heute noch der Name einer Seitenstraße erinnert.

Das Starkbier

Die Entwicklung des Starkbiers, eines besonderen und beliebten Biertyps, ist auf den Paulaner-Orden zurückzuführen. Dieser war, wie viele andere, von Kurfürst Maximilian I. im Jahre 1629 nach München geholt worden, seine zweite Niederlassung war in Amberg. Das Kloster der Paulaner befand sich außerhalb der Stadt „ob der Au in Neudeck", also jenseits der Isar unterhalb des Nockherbergs, und grenzte südlich an den Maria-Hilf-Platz. An dieser Stelle befindet sich heute das Landratsamt des Landkreises München sowie derzeit noch das Frauen- und Jugendgefängnis der Stadt. Im Hof des Landratsamtes erinnert eine Markierung im Gras an den früheren Standort der Klosterkirche, und nebenan sind erhaltene Teile des ehemaligen Kreuzgangs mit Fresken in das Landratsamt integriert.

Paulanerkloster zu Neudeck „ob der Au"
Kupferstich von Michael Wening, 1707.

Das Braurecht kam erst im Jahre 1634 durch den Eintritt des Erben von Sebastian und Elisabeth Lerchl an den Paulaner-Orden. Die Lerchls betrieben in der Neuhauser Straße 16 eine bereits 1456 gegründete Brauerei, die heute Teil der Augustiner-Großgaststätten ist. Durch den Eintritt des Sohnes in den Paulaner-Orden fiel dessen Erbe einschließlich der Braugerechtigkeit an den Orden, wobei aber als Einschränkung vom Stadtrat lediglich das Brauen ihrer „Hausnotdurft“, also ausschließlich für den eigenen Bedarf bewilligt worden war. Doch selbst die hochgeistlichen Herren hielten es damals mit Gesetzen und Vorschriften wohl nicht so genau, denn bereits kurz darauf beschwerten sich die Vierer der Brauer darüber, dass die Paulaner im Brauhaus der Lerchl Bier „verleitgaben“, also ausschenkten und verkauften.

Die völlig berechtigten Klagen des Bräuamtes scheinen die Ordensbrüder jedoch schlichtweg ignoriert zu haben, denn drei Jahre später wurde der Vorgang erneut vor den Stadtrat getragen, der wiederum „mit allem Ernst“ beschloss, dass die Gastung der Paulaner im ehemaligen Lerchlbräu beendet werden müsse. Im Jahre 1718 schließlich wurde die Braugerechtigkeit auf den Klostergrund am Neudeck transferiert und dort ein Bräuhaus errichtet, wobei der Verkauf und Ausschank des Bieres weiterhin offiziell nicht genehmigt war, aber ungeniert fortgeführt wurde.

Da nun das Leben der Klosterbrüder durch die zahlreichen Fastentage, die mehr als ein Drittel des Jahres ausmachten, einer „unmenschlichen“ Belastung ausgesetzt war, machten sie sich bald mit den Vorzügen des Bockbierbrauens vertraut. Vordergründig zu Ehren des Todestages von Franz von Paola am 2. April, brauten sie das Bier noch wesentlich stärker als das herzogliche Bockbier. Dieser Doppelbock diente für die anschließende Fastenzeit als Nahrungsersatz gemäß dem Motto: „Flüssiges bricht Fasten nicht“. Mit frommem Blick auf ihren Ordensgründer nannten sie dieses Getränk „des heiligen Franz Öl“ oder „Sankt-Vaters-Bier“, von dem während der Fastenzeit vier Liter (!) täglich gestattet waren. Erst 1751 wurde vom Kurfürsten Max III. Joseph nachträglich der verbotene, aber fröhlich fortgeführte Bierausschank legitimiert, indem zum 2. April der öffentliche Ausschank für eine Oktav, also für acht Tage genehmigt wurde.

Nun war dieses Starkbier zwar dick und nahrhaft, erfüllte somit seine „Fastenqualitäten“, die geschmackliche Qualität des Biers war aber wohl nur sehr mäßig. Dies änderte sich schlagartig, nachdem Valentin Stephan Still 1773 als Laienbruder Barnabas in Amberg in den Orden eintrat und ein Jahr später nach München versetzt wurde. Dieser war Sohn eines Oberpfälzer Brauers und hatte selbst das Handwerk gelernt, sodass er das Amt des Bräumeisters ausfüllte. Nach seiner Rezeptur wurde aus dem „Sankt-Vaters-Bier“, das im Münchner Volksmund rasch zum „Salvator-Bier“ wurde, eine heute noch weltberühmte Qualitätsware.

Gedicht am Brunnen vor dem Verwaltungsgebäude der Paulaner-Brauerei

Diese Zeilen erinnern an den ersten Krug Starkbier, der dem Kurfürsten alljährlich von Bruder Barnabas überreicht wurde (aus dichterischer Freiheit wurde offenbar der Termin des Starkbierausschanks vorverlegt):

„War im März gen Judica,
wiederum der Frühling nah,
kam zu ehren alte Sitten
der Herr Kurfürst selbst geritten
auf die Neudeck ob der Au
zum Paulaner Klosterbau.
Dort empfing den Landesvater
Barnabas, der Bräuhaus-Frater,
ihm beglückt und freudeglänzend
einen Humpen Bier kredenzend
mit dem Gruß, der bis zur Stunde
sich erhielt im Volkesmunde:
Salve, pater patriae, bibas prinzeps optime!"

War bereits im Jahre 1729 zum ersten Mal ein Kurfürst zum Fest des Heiligen Franz von Paola ins Kloster Neudeck gekommen, so wurde dies unter dem Kurfürsten Karl Theodor (reg. 1777–1799), der 1780 schließlich den ganzjährigen Bierausschank gestattete, zur regelmäßigen Gewohnheit. Dabei reichte Bruder Barnabas (bis zu seinem frühen Tode 1795) jeweils den ersten Krug Starkbier dem Kurfürsten.

Die Marke „Salvator"

Das Verhältnis zwischen den Münchnern und dem eigentlich menschenfreundlichen, wohlmeinenden Kurfürsten Karl Theodor war leider von Anfang an zerrüttet, nachdem bekannt geworden war, dass dieser das nach Erlöschen der bayerischen Wittelsbacher Linie ererbte Herzogtum Bayern lieber gegen die Österreichischen Niederlande getauscht hätte. Entsprechend groß war nach dem pietätlos gefeierten Tode Karl Theodors der Jubel für dessen Nachfolger, den ebenfalls aus der Pfalz stammenden Maximilian IV. Joseph, der ab 1806 als bayerischer König Max I. Joseph regieren sollte. Angeblich soll der Brauer Joseph Pschorr ihm beim Einzug in München entgegengerufen haben: „O Maxl, weil du nur da bist, jetzt geht alles gut!" (dies wurde zumindest als Anekdote auf einem Wandgemälde in der Pschorrbrauerei so dargestellt). Diese Vorschusslorbeeren sollten sich jedoch bald rächen, denn im „Handgepäck" brachte der neue Kurfürst seinen Minister Montgelas mit, der die bayerische Staatsverwaltung auf eine völlig neue, zentralistische Basis umstellte.

Eine der ersten Maßnahmen war die Enteignung der klösterlichen und geistlichen Besitztümer im Rahmen der Säkularisation, wobei vor allem die im Volke sehr beliebten Bettelorden ihre Klöster zum Teil in einer Nacht-und-Nebel-Aktion räumen mussten. Auch das Paulanerkloster fiel dieser Welle staatlicher Willkür zum Opfer und wurde am 23. Juli 1799 „auf eigenen Wunsch der Patres" enteignet. Der kurfürstliche Hofrat Graf Arco von Valley übernahm das Klosterbräuhaus kommissarisch, ab 1806 wurde die säkularisierte Brauerei von dem Brauer Franz Xaver Zacherl gepachtet. Sieben Jahre später erwarb dieser die gesamte Brauerei und legte als Erster den Namen „Salvator" schriftlich nieder.

Da das Starkbier wegen seiner aufwändigen Herstellung teurer verkauft wurde, als es die damalige gesetzlich vorgeschriebene Preisbindung erlaubte, ließ Zacherl sein Bier 1837 von König Ludwig I. kurzerhand zum „Luxusbier" erklären. Da sich dieser Doppelbock weiter einer außergewöhnlichen Beliebtheit erfreute, begannen etliche andere Brauer damit, ebenfalls einen „Salvator" auszuschenken. Dagegen ging Zacherl vor Gericht, und auch wenn er selbst den günstigen Schiedsspruch nicht mehr erlebte, so blieb der Name „Salvator" Eigentum der Paulaner-Brauerei. Die anderen Brauer mussten nach dem Gerichtsurteil ihren Doppelböcken neue Namen geben, die jedoch allesamt mit der Endsilbe „-ator" schlossen. Beim Münchner Patentamt waren Ende der 1870er Jahre bereits über 120 solcher Namen eingetragen, vom Triumphator, Optimator, Delicator, Maximator und Animator bis zu so kreativen Wortschöpfungen wie Vitaminator, Sufficator, Multiplicator, Lutrinator und Raritator.

Alle Doppelböcke gibt es auch heute ausschließlich zur Frühjahrs-Starkbierzeit, sie müssen mindestens 18 Prozent Stammwürze und somit etwa sechs Prozent Alkohol aufweisen. Alljährlich beschließen die Münchner Brauereien, wann die Starkbierzeit beginnt. Das ist stets ein Samstag im März, denn der Josephi-Tag (19. März) soll in diese zweiwöchige Starkbier-Periode fallen. Alle Brauereien halten sich an diesen Termin – bis auf die alteingesessene Forschungsbrauerei Jakob in Perlach. Deren Starkbierzeit beginnt, und auch das ist Tradition, jeweils bereits eine Woche vorher.

Franz Xaver Zacherl (1772-1849)

Aufnahme unbekannten Datums.

Paulaner Bräu

Franz Xaver Zacherl wurde zu einem der aktivsten Brauereibesitzer seiner Zeit. Er war ursprünglich Koch, schulte aber auf Brauer um und wurde durch Heirat mit Elisabeth Schmederer 1799 Bräu des alteingesessenen Hallerbräu in der Neuhauser Straße 5. Nach der Übernahme der Paulaner-Brauerei vergrößerte er sie beständig und errichtete im Jahre 1842 die – in England längst übliche – erste „Dampfbrauerei" Münchens. Diese beheizte die Braukessel mit Dampf statt mit Holz, was zu deutlichen Einsparungen führte. Zudem konnte mit dem Dampf auch die Maischmaschine angetrieben werden. Dieses Verfahren setzte sich, auch bei anfänglichen Widerständen gegen das „Dampfbier", im Laufe des 19. Jahrhunderts in allen größeren Münchner Brauereien durch. Nachdem Zacherl 1849 kinderlos verstarb, wurde die Brauerei von seinen beiden Neffen Heinrich und Ludwig Schmederer aus Tölz fortgeführt.

Bis 1861 wurde der Ausschank des Biers direkt an der Brauerei im Zacherlgarten vorgenommen. Danach erfolgte dieser im neu errichteten Zacherl-Keller der Paulaner-Brauerei auf dem Nockherberg, und für das Jahr 1891 ist die erste „Salvator-Rede" verbürgt.

Ausschank Paulaner Bräu in der Neuhauser Straße

Gemalte Postkarte, um 1909.

Heute darf der wiederauferstandene Bruder Barnabas alljährlich bei dem traditionellen Nockherberg-Anstich die geladenen Politiker „'naufschießen" und „derblecken", wobei aber bekanntlich die nicht Verspotteten als die eigentlich Beleidigten angesehen werden. Dieser Traditions-Keller brannte in der Nacht zum 28. November 1999 bis auf die Grundmauern ab, und erst 2003 konnte der Starkbieranstich wieder im neuerrichteten Saal stattfinden.

Im Jahre 1886 wurde die Brauerei in die „Gebrüder Schmederer Aktienbrauerei" umgewandelt, 13 Jahre später erhielt sie den Namen „AG Paulanerbräu in München". Die Brauerei vergrößerte sich stetig weiter und erwarb zum Beispiel in den 1920er Jahren die Eberl-Faber-Brauerei. ◙

Starkbierausschank im Salvatorkeller auf dem Nockherberg

Fotografie, um 1905 (vmtl.). Links im Hintergrund ist die Kirche Maria Hilf und das ehemalige Paulanerkloster in der Au zu erkennen. Zum Salvatorausschank zogen regelmäßig riesige Menschenschlangen aus der Stadt auf den Nockherberg, wobei der Abstieg hinterher deutlich ungeordneter verlief.

Hacker-Pschorr-Bräu

In der Sendlinger Straße 75 wurde im Jahre 1363, also noch zu Zeiten des Patrizierbrauens, von Ainweg Kirchler eine Brauerei gegründet, die gesichert zunächst bis 1431 fortbestand. Ende des 15. Jahrhunderts wurde das Grundstück in drei Teile parzelliert und im Jahre 1480 in dem näher zur Innenstadt gelegenen Haus 75c eine weitere Brauerei errichtet. Diese Braustätte wurde allerdings anfänglich meist als Gast- oder Weinschänke betrieben, erst ab dem Jahre 1691 bestand hier mit der Probstbrauerei ein durchgehender Braubetrieb. Von H. Stahleder werden dem Nachbarhaus Nr. 76 für die dazwischen liegende Zeit durchgehend ebenfalls Brauer zugeordnet. Da jedoch nach seinen Angaben die Steuerbücher jener Zeit hier ausnahmsweise keine sichere Trennung der Bewohner beider Häuser erlauben, könnten diese letztgenannten Brauer eventuell auch der Hausnummer 75 zuzuordnen sein. Damit wäre hier eine Braustätte ohne Unterbrechung seit dem 14. Jahrhundert in Betrieb gewesen.

Joseph Pschorr (1770–1841)

Gemälde von unbekannter Hand.

Im Jahre 1738 jedenfalls übernahm der Wirt Simon Hacker die Probstbrauerei und benannte sie auf seinen Namen um, wirtschaftete sie aber im Laufe der Zeit herunter. Auch unter seinem Sohn Peter Paul Hacker, der die Brauerei ab 1781 führte, kam es zu keiner wesentlichen Verbesserung der wirtschaftlichen Situation. Die Wende gelang erst mit Joseph Pschorr (1770–1841), einem Bauernsohn aus Kleinhadern. Dieser war als 15-Jähriger nach München gewandert, um beim Oberkandlerbräu (Neuhauser Straße 44) in die Lehre zu gehen. Als ausgebildeter Bräumeister heiratete er im Jahre 1793 Therese Hacker, die Tochter des Brauereibesitzers.

Pschorr beherrschte das Brauhandwerk perfekt und modernisierte die marode Brauerei. 1797 kaufte er schließlich für 34.000 Gulden die Hackerbrauerei von seinem Schwiegervater. Er baute diese unter Zuhilfenahme aller rechtlichen und technischen Möglichkeiten mit viel kaufmännischem Geschick innerhalb weniger Jahre zum führenden Braubetrieb der Stadt München aus. Waren in den Jahrhunderten zuvor konstant pro Jahr und Brauer etwa 60 Sude möglich gewesen, so steigerte Pschorr dies auf über 260 Sude jährlich, wobei er pro Sud auch noch die doppelte bis dreifache Menge an Gerstenmalz verarbeitete. 1806 erfolgte deshalb auch die Umstellung von der bisher üblichen Besteuerung der Sudanzahl auf den sogenannten „Malzaufschlag“, der die Menge des verwendeten Malzes zur Bemessungsgrundlage hatte. Damit zog die Obrigkeit die Konsequenz aus den nunmehr geänderten Produktionsgewohnheiten.

Reklamemarke Pschorrbräu, 1910/12

Von 1813 an erbaute Joseph Pschorr über 10 Jahre hinweg einen riesigen Bierkeller am Ende der Bayerstraße auf dem Boden einer ausgebeuteten Sandgrube,

Bierfestung

Schnittzeichnung des Lagerkellers der Hackerbrauerei. Der Keller mit annähernd quadratischem Grundriss wurde später unter den beiden Söhnen Joseph Pschorrs in der Mitte geteilt, wobei per Los über die Zuteilung der West- bzw. Osthälfte entschieden wurde.

der zu Deutschlands größtem Lagerkeller wurde mit einer Kapazität von über 35.000 Hektolitern und einer Grundfläche von 4.000 m². Den Grund konnte er in einem Versteigerungsverfahren erwerben, nachdem 1808 der Magistrat die hier installierte Richtstätte (also den Galgen) abbauen und durch eine „mobile Einheit" mit wechselnden Standorten ersetzen ließ. Ob seiner Dimensionen war der Keller in München nur als die „Bierfestung" bekannt. Dieser stattliche Bau wurde 1878 durch einen Großbrand völlig zerstört.

1814 erhielt Joseph Pschorr nach monatelangem zähem Ringen mit den Behörden die Erlaubnis, in seiner Brauerei eine zweite Sudpfanne aufstellen zu dürfen. Bis dahin war pro Braubetrieb ausschließlich eine einzige Sudpfanne gestattet gewesen. Daher musste er einen zusätzlichen Bierbedarf für eine gestiegene Zahl an Einwohnern plausibel nachweisen, der durch die bestehenden Brauereien nicht gedeckt werden konnte. Diese letztlich bewilligte Genehmigung war damals aber höchst umstritten, weil sie vorwiegend als Erlaubnis zur Umsatzsteigerung angesehen wurde.

Doch Pschorrs Ehrgeiz ging noch weiter: Als Marktführer wollte er seinen beiden Söhnen jeweils eine eigene Brauerei hinterlassen. Wirtschaftlich hervorragend aufgestellt, konnte er trotz der Investitionen in seine Bierfestung 1820 eine weitere, in Konkurs („auf die Gant") gekommene Brauerei günstig erwerben, den Bauernhanslbräu in der Neuhauser Straße 11. Unter Zukauf von Nachbargrundstücken vergrößerte Joseph Pschorr diese Bräustatt, gab ihr nicht ohne Stolz seinen eigenen Namen und übergab die „Pschorr-Brauerei" an seinen ältesten Sohn Georg (bereits der Kauf des Anwesens erfolgte auf dessen Namen).

Sein jüngerer Sohn Mathias stieg währenddessen in die Hackerbrauerei mit ein und wurde hier später Nachfolger seines Vaters. Ein verheerender Brand zerstörte im Frühjahr 1825 diese Brauerei vollständig. Doch auch diesen Schicksals-

Spätere Hackerbrauerei

Postkarte, undatiert. Gut zu erkennen ist die 1570 noch bestehende Parzellierung des Grundstückes mit drei getrennten Gebäuden, wobei die Brauerei in dem höchsten Gebäude am rechten Bildrand untergebracht war. Später wurden die beiden links angrenzenden Grundstücke hinzu erworben.

Altes Hackerhaus, Sendlinger Straße
Fotografie, um 1910.

schlag konnte Joseph Pschorr zu seinem Vorteil umwandeln, indem er ohne Inanspruchnahme finanzieller Hilfe die beiden Nachbargrundstücke hinzukaufte und hier eine neue, wesentlich größere Braustätte errichten ließ. Mit 64 Jahren zog er sich schließlich aus dem Betrieb zurück in sein Anwesen am Marienplatz (an der Stelle des heutigen Rathausturms). Im Laufe seines Lebens hatte er nicht nur die beiden jahrzehntelang führenden Brauereien Münchens aufgebaut, sondern auch noch seine 20 (!) Kinder bestens versorgt.

Pschorrbräu-Bierhallen, Neuhauser Straße

Fotografie, um 1900.

Erwähnt sei an dieser Stelle, dass Josephine, die Tochter von Pschorrs älterem Sohn Georg, 1864 den Hofmusiker Franz Strauss ehelichte und ein Jahr danach (am 11. Juni) im Rückgebäude der Pschorr-Brauerei den berühmten Münchner Komponisten Richard Strauss zur Welt brachte. Dieser wurde von seinem Großvater Georg während seines weiteren Lebens stets tatkräftig und finanziell unterstützt. Zum Dank hierfür wurde der „Rosenkavalier" den „lieben Verwandten, der Familie Pschorr in München" gewidmet.

Die beiden Brauereien Hacker und Pschorr gingen lange getrennte, wenn auch immer von gegenseitiger Kooperation gekennzeichnete Wege, und erst 1972 fusionierten sie zur Hacker-Pschorr-Brauerei.

Angemerkt sei noch, dass auch das von der Hackerbrauerei angegebene Gründungsjahr 1417 historisch nicht belegbar ist, sondern in diesem Fall auf einem Fehler beim Abschreiben einer mittelalterlichen Urkunde beruht. (H. Stahleder, Bierbrauer und ihre Braustätten) Wie zuvor erläutert wäre nämlich entweder das Jahr 1480 korrekt (Gründung der späteren Probstbrauerei in Hausnummer 75c) oder aber das wesentlich frühere Jahr 1363, sofern man eine seither durchgehend fortbestehende Brautradition bis zur Parzellierung des Grundstücks als gesichert annimmt. ◙

Die große Zeit der Münchner Bierkeller

Eines der größten Probleme der Brauereien in der vorindustriellen Zeit war bis zur Erfindung der Kältemaschine durch die Jahrhunderte hinweg die leichte Verderblichkeit des Bieres gewesen, weshalb bis ins 18. Jahrhundert hinein immer wieder Klagen über die schlechte Qualität des Münchner Bieres dokumentiert sind. Wie beschrieben legte die bayerische Brauordnung fest, dass Braunbier nur zwischen den Tagen des St. Michael am 29. September und des St. Georg am 23. April gebraut werden durfte. Daher musste nicht nur im März für die Sommermonate eine ausreichend große Menge Bier eingesotten werden, das zu diesem Zweck mit höherem Stammwürze- (ca. 12 Prozent gegenüber 9 bis 10 Prozent beim Winterbier) und Hopfengehalt gebraut wurde, sondern vor allem musste auch für eine kühle Lagerung des Bieres in der heißen Jahreszeit gesorgt werden.

Nachdem durch die steigende Nachfrage die Keller in den Brauhäusern der Innenstadt für die produzierten Mengen nicht mehr ausreichten, wurde intensiv nach Alternativen gesucht. Aufgrund der topografischen Gegebenheiten kamen in München hierzu ausschließlich Lagerkeller in Frage, die tief in natürliche Erhöhungen gegraben werden konnten. Die bestehenden Innenstadtkeller waren wegen des hohen Grundwasserspiegels nur wenige Meter tief gewesen und erwärmten sich im Sommer viel zu leicht. Im Jahre 1728 wurde erstmals ein Bierkeller außerhalb der Stadt erwähnt, und zwar an der heutigen Landsberger Straße auf der Anhöhe zwischen Pasinger und Laimer Straße.

Einen regelrechten Boom erfuhr der Kellerbau dann Ende des 18. Jahrhunderts, als alle Brauereien Lagerkeller am Randbereich des Burgfriedens errichteten. Dadurch entstanden die großen Kelleranlagen auf der natürlichen Anhöhe, die von der heutigen Theresienhöhe über die Schwanthalerhöhe bis oberhalb des Stiglmaierplatzes reichte und heute noch deutlich als Anstieg wahrgenommen werden kann, wenn man mit dem Fahrrad aus der Innenstadt Richtung Westen fährt. Hier wurden unter anderem die Keller der Löwen- und Spaten-Brauerei errichtet sowie der 1813 an der Bayerstraße gebaute Hackerkeller, die „Bierfestung". Nach dem Rückzug von Joseph Pschorr teilten sich die beiden Söhne Georg und Mathias diesen Keller brüderlich zu gleichen Teilen für ihre jeweiligen eigenen Brauereien, wobei über die Verteilung per Münzwurf entschieden wurde (Osthälfte Pschorr, Westhälfte Hacker).

Noch wesentlich umfangreicher aber war der Bau von Bierkellern am östlichen Hochufer der Isar, dem Gasteigberg und dem isaraufwärts angrenzenden

Lilienberg. Bis ins Jahr 1850 entstand hier eine regelrechte Kellerstadt aus über 50 Sommerkellern, die dicht an dicht entlang der Rosenheimer-, Keller(!)- und Inneren Wiener Straße lagen. Auch die Namen der Seitenstraßen Schleibinger-, Stubenvoll- und Franzikanerstraße sind auf die Bierlagerkeller der gleichnamigen Brauereien zurückzuführen.

Die Bierkeller wurden acht bis zwölf Meter unter der Erde als gemauerte Gewölbe errichtet, über denen die bis dahin in München noch weitgehend exotischen Rosskastanien gepflanzt wurden. Durch ihre großen Blätter schützten diese den unterirdischen Keller ideal vor direkter Sonneneinstrahlung, und da die Kastanie zu den Flachwurzlern zählt, wurden die darunter liegenden Kellerdecken nicht beschädigt. Oben auf dem Kellergelände standen ebenerdig Hallen und Schuppen, um Fässer, Brauwerkzeug und Ähnliches zu lagern.

Bierkeller in der Rosenheimer Straße
Fotografie, 1875. Von den einstmalig Seite an Seite gelegenen Lagerkellern ist heute nichts mehr zu erkennen.

DIE KELLERSTADT
DER MÜNCHENER BRAUEREIEN
IM JAHRE 1850
N
0 50 100 m
Wiener Strasse
Preysing Strasse
Gasteig
Keller Strasse
Rosenheimer Strasse
Fürsten Gasse
HAIDHAUSEN
Militair-Holzgarten
Auf der Lüften
Magistrats Kellergebäude
Faberbräu Keller
Metzgerbräu Keller
Bierkeller im Jahre 1803
Am Gasteigberg Haus №
18 Oberspatenbräuers Keller
19 Franziskanerbräuers "
20 Bauernhanslbräuers "
21 Gilgenrainersbräuers "
22 Thorbräuers "
23 Heißbauernbräuers "
24 Büchelbräuers "
27½ Kreutzbräuers "
28 Maderbräuers "
29 Pollingerbräuers "
30 Löwenbräuers "
31 Sterneckerbräuers "
32 Birnbaumbräuers "
33 Schützbräuers "
34 Gilgenbräuers "
38 Unterpollingerbräuers "
39 Spatbräuers "
40 Hof- "
41 Karmeliten- "
42 Löwenhauserbräuers "
43 Klosteranger- "
44 Kapplerbräuers "
45 Schleibingerbräuers "
46 Bacherbräuers "
47 Wagnerbräuers "
48 Kaltenecketbräuers "
49 Singlspielerbräuers "
50 Menterbräuers "
51 Hof- "
2 Sollerbräuers Keller
3 Thürnbräuers "
4 Hallmairbräuers "
6 Zengerbräuers "
8 Hegerbräuers "
9 Speckmairbräuers "
10 Filserbräuers "
12 Metzgerbräuers "
13 Propstbräuers "
14 Hallerbräuers "
15 Lodererbräuers "
16 Fuchsbräuers "
17 Leistenbräuers "
1803 Lorenz Hübner, Beschreibung von München.
1850 Gust. Wenng, Topogr. Atlas von München.
Planbearbeitung: Max Megele
Nov. 1946

Die ersten Münchner Biergärten

Linke Seite: Kellerstadt der Münchner Brauereien

Eingezeichnet sind die Bierkeller aus dem Jahr 1803 bzw. 1850.

Nun wussten natürlich nicht nur die Brauer, sondern auch die Münchner diese schattigen Oasen im heißen Sommer zu schätzen. Innerhalb kurzer Zeit wurden die vor den Stadttoren gelegenen Keller ein beliebtes Ausflugsziel der Stadtbevölkerung, und die Brauer wiederum nutzten dies zum Ausschank ihres Bieres vor Ort. Dadurch entstand eine empfindliche Konkurrenz für die umliegenden Wirte der betroffenen Vorstädte, die deshalb bereits im Jahre 1773 auf ihre Beschwerden ein Mandat des Stadtrats „von der Erbauung der Bierkeller außer der Burgfrieden und Verleitung des Biers" erwirkten. Danach wurde der Verkauf des Bieres an die Bevölkerung auf den Kellern ausdrücklich untersagt, das Bier durfte nur „in grosso", das heißt fassweise, und nur an Wirte, keine Privatpersonen, abgegeben werden. Der Verschleiß „in minuto", also massweise, war unter Strafe verboten.

Doch wie so oft wurde auch diese Anordnung im Wesentlichen ignoriert, der Ausschank und der Besuch der Bierkeller liefen munter weiter. Die immer wiederkehrenden Klagen der Wirte gegen diesen nun vollkommen illegalen Betrieb führte zwar im Jahre 1791 und nochmals 1793 zum „nachdrücklichsten" Verbot der Gastsetzung auf dem Gasteig- und dem Lilienberg, genutzt oder geändert aber hat dies nichts. Fünf Jahre später wurde beim Magistrat der beständige unerlaubte Bierverschleiß erneut dokumentiert, wieder wurde der Minuto-Verschleiß oder auch nur die Abgabe in kleineren Fässern zu 30 Litern verboten, ohne dass sich die Situation dadurch im geringsten änderte.

Augustiner Keller, Arnulfstraße

Fotografie, um 1930.

Letztlich wurde am 1. Januar 1812 diesem „Gewohnheitsrecht" dadurch Rechnung getragen, dass der ohnehin nicht einzudämmende Bierverkauf „durch allerhöchstes Reskript" den Bierbrauern nunmehr erlaubt wurde. Von da an war den Brauereien von Juni bis September auf den eigenen Kellern der Ausschank des selbstgebrauten Märzenbiers gestattet, die Verabreichung von Speisen oder anderen Getränken aber wurde als Zugeständnis für die umliegenden Wirte weiterhin untersagt. Lediglich der Verkauf von Brot war noch erlaubt, sodass die Münchner ihre sonstigen Zutaten für die Brotzeit einfach selbst mitbrachten. Hieraus entwickelte sich die heute immer noch gültige Regelung für alle Münchner Biergärten, dass das Mitbringen des eigenen Essens ausdrücklich gestattet ist.

Zunehmend wurden die beliebten Biergärten für Konzerte, Feuerwerke und Veranstaltungen aller Art genutzt, und die Zweckbauten auf den Kellern wurden zu Sälen und Hallen mit Billard- und Spieltischen ausgebaut. Im Jahre 1882 war nach einer feuerpolizeilichen Aufstellung die Hälfte der damals in München verfügbaren 35 Säle in diesen Kellerhallen untergebracht, deren reger Betrieb den Wirten natürlich weiterhin ein Dorn im Auge war.

Eisgewinnung am Badensee, Schloss Nymphenburg
Fotografie, 1913.

Eisfabrik der Schmedererbrauerei am Nockherberg

Fotografie, 1895.

Die Bierkühlung vor der Industrialisierung

Um während des Sommers für eine ausreichende Kühlung zu sorgen, wurde bis in den März hinein Eis in die Bierkeller eingebracht. Dieses wurde in großen Blöcken aus zugefrorenen Kanälen, Seen oder sogar Gletschern geschnitten und in Unmengen in die Keller gefüllt. Dort schmolz es langsam vor sich hin und hielt die Temperatur ausreichend niedrig, um den Verderb des Bieres zu verhindern. Das Eis wurde entweder in Reihen zwischen den Fässern oder später in einem Geschoss über dem eigentlichen Lagerkeller aufgestellt, wobei das Prinzip ausgenutzt wurde, dass kalte Luft schwerer als warme ist und somit nach unten sinkt.

Der Bedarf an Eis war enorm, er betrug pro Brauerei durchschnittlich 500.000 Tonnen jährlich. So konnte manch Bauer sein Einkommen im Winter dadurch aufbessern, dass er seine Wiesen überflutete und das so gewonnene Eis an die Brauer verkaufte. Auch König Ludwig II. (reg. 1864–1886) machte sich den Eisbedarf der Brauereien zunutze, indem er den Nymphenburger Kanal im Winter zur Eisernte an sie verpachtete. Dabei waren die Brauer ausdrücklich verpflichtet, das Eis nur über die nördliche Auffahrtsallee abzutransportieren und für den Fall, dass der menschenscheue König geruhte, nach Nymphenburg zu fahren,

Eiskeller System Brainard

Darstellung aus einem alten Lehrbuch, um 1880. Das Eis wurde oberhalb der Gärbottiche auf Decken eingebracht, die mit gezacktem Eisenblech ausgekleidet waren. Dadurch entstanden Abflüsse für das Schmelzwasser sowie eine möglichst große Kondensationsfläche. Im Keller wurden die Lagerfässer untergebracht.

Wagen und Personal aus dem „allerhöchsten Gesichtskreise ferne zu halten".

Das Handwerk der Eisgewinnung, das „Eisen", war allerdings sehr mühsam und auch gefährlich. Mit speziellen Wiegensägen wurden Blöcke mit einer Fläche von etwa einem halben Quadratmeter aus den Gewässern geschnitten, mit langen Eiszangen und -haken herausgezogen und dann auf Wägen an die Brauereien geliefert. Meist waren die Bauern bereits von zwei Uhr früh an unterwegs, damit die Sonne auf dem Transport nicht einen Teil des kostbaren Gutes abschmelzen konnte. Der Handel mit Eis scheint sich bezahlt gemacht zu haben, denn allein vor der Löwenbrauerei stauten sich zum Teil täglich fünfzig bis sechzig Fuhrwerke in der Sandstraße, die alle ihre Ladung abliefern wollten. Erst durch die anfänglich nur zögerliche Verbreitung der Kältemaschine in den Brauereien ab dem Ende des 19. Jahrhunderts kam diese Nebenerwerbstätigkeit langsam zum Erliegen.

Das Sommersudverbot wurde als Konsequenz der besseren Haltbarkeit des Bieres durch die neuen Kühltechniken im Jahre 1860 aufgehoben, der ganzjährige Braubetrieb wurde jedoch erst zwanzig Jahre später in den Münchner Brauereien üblich.

Leichtere Bedingungen für die Bierbarone

Der Beginn des 19. Jahrhunderts war gekennzeichnet durch eine Erleichterung der Rahmenbedingungen für das Brauwesen. Seit dem Regierungsantritt des späteren Königs Maximilian I. Joseph wurde das bayerische Rechtssystem von Graf Montgelas reformiert, was zum Beispiel zu dem bereits erwähnten Wegfall des Bierzwangs am 20. Dezember 1799 führte. Diese Liberalisierung verschärfte jedoch die Konkurrenz der Brauereien untereinander, und dabei waren diejenigen Brauer, die für Innovationen aufgeschlossen waren, eindeutig im Vorteil. Als Ausgleich für den aufgehobenen Bierzwang, das heißt, den garantierten Absatzmarkt, wurde später den Münchner Brauern der „Minuto-Verschleiß“, also die massweise Abgabe von Bier auf den Brauereikellern, gestattet. Ebenfalls 1799 wurde die unsinnige Einrichtung der Märzenbierlose endlich abgeschafft, sodass alle Brauer ganzjährig Bier ausschenken konnten. Nach Gründung des Königreiches wurde im Jahre 1807 die Beschränkung der Gesellenzahl aufgehoben, wodurch erstmals eine Ausweitung der Braukapazitäten möglich wurde. Auch die größeren Betriebe waren damals aber dennoch nur als Manufakturen aufzufassen, die Zahl der Bräuknechte belief sich 1824 beispielsweise auf gerade einmal je 20 bei der Hacker- und der Pschorr-Brauerei, zehn bei Löwenbräu und nur fünf beim Sterneckerbräu. Der letzte Lehenbrief wurde im Jahre 1814 ausgestellt, danach war aus rechtlicher Sicht keine Einschränkung für die Neugründung einer Brauerei mehr gegeben. Das Gewerbegesetz von 1824/25 schaffte die Zünfte ab, Rechtsnachfolger im Brauwesen wurde der „Verein der Bierbrauer“.

In Bezug auf die Bierpreisfestlegung jedoch wurde weiterhin kein Gedanke an eine Liberalisierung verschwendet. Im Gegenteil wurde 1811 das sogenannte „Biersatzegulativ“ erlassen, mit dem eine obere Preisgrenze für die Mass Bier einschließlich des Malzaufschlages, also der zentralen Biersteuer, behördlich festgesetzt wurde.

Brauerei Anfang des 19. Jahrhunderts

Zeichnung Friedrich Voltz, um 1833. Rechts im Hintergrund sind Arbeiter an der Sudpfanne dargestellt.

Dabei wurde versucht, sowohl die Produzenten als auch die Konsumenten möglichst gleichermaßen im Sinne eines fair ermittelten Preises gerecht zu werden. Dieser setzte sich zum einen aus variablen, stets von den Ernteerträgen abhängigen Kosten für die Rohstoffe Gerste und Hopfen zusammen, die jährlich von Seiten der Behörden neu ermittelt wurden. Zum anderen wurden Fixkosten für die Herstellung sowie der Gewinn des Brauers hinzugerechnet. Dabei wurde von einer Brauerei mit einem durchschnittlichen jährlichen Verbrauch von 450 Scheffel Gerste ausgegangen, wodurch sich Kosten von 4,53 Pfennig (hiervon machte der Malzaufschlag alleine vier Pfennig aus) je Mass errechneten. Zuzüglich eines festgelegten Gewinns von 1,47 Pfennig für den Brauer ergab sich ein fixer Grundpreis von sechs Pfennig je Mass. Für die Konsumenten kam ab 1822 noch ein Lokalmalzaufschlag (im Volksmund „Bierpfennig" genannt) hinzu, der von der Stadt München erhoben wurde und in den 1850er Jahren etwa 80 Prozent der gesamten städtischen Steuereinnahmen ausmachte.

Mit dem Biersatzregulativ war erneut auch eine Forderung nach Qualitätssicherung verbunden, weshalb unter anderem die Extraktausbeute des Malzes vorgeschrieben war. Aus einem Scheffel Gerstenmalz durften sieben Eimer Schank- oder sechs Eimer Lagerbier gebraut werden. Anlässlich des 50-jährigen Jubiläums des Biersatzregulativs schrieb Deuringer: „Im Leben der Völker (...) findet sich die Eigentümlichkeit, dass ein Volk in Erzeugung irgendeines Gegenstandes oder Produktes eine viel höhere Vollkommenheit erreicht hat als ein anderes, und hierin gewöhnlich eine sehr lange Zeit hindurch von keinem andern eingeholt wird. Eine solche rühmliche Eigentümlichkeit besitzt der bayrische Volksstamm in der Bierfabrikation. Das bayrische Bier hat seiner Güte, seines lieblichen, erfrischenden Trunkes wegen gegenwärtig eine solche Anerkennung gefunden, dass ihm das Bier keiner anderen Nation (...), selbst nicht das englische, den Rang streitig zu machen vermag."

Der Kampf der Großbrauer um die Münchner Wirte

So starr die gesetzlichen Vorschriften des Biersatzregulativs auch aussahen, so schufen sie dennoch die Rahmenbedingungen für den weiteren Aufstieg der späteren Großbrauereien. Denn falls ein Brauer sich im Stande sah, bei gleicher Qualität sein Bier billiger anbieten zu können, war ein Unterbieten des festgelegten Preises ausdrücklich gestattet. Diejenigen Brauer, die diese neuen Möglichkeiten auszunutzen verstanden, konnten dadurch größere Marktanteile gewinnen. Somit begann ein intensiver Wettbewerb zwischen den wenigen, immer größer werdenden Unternehmen um die Wirte, die „Wirtehatz".

Als Absatzmöglichkeit benötigten die Betriebe möglichst viele Lokale, in denen ihr Bier angeboten wurde. Oft wurden daher Wirten großzügige Darlehen gewährt, die in keiner Weise durch den zu erwartenden Umsatz der Gaststätten abgesichert waren. Aus der entstehenden Abhängigkeit konnten sich die Wirte meist nur befreien, wenn sie sich an eine andere Brauerei wandten, die das Darlehen ablöste. Allerdings waren in der Regel mehrjährige Verträge über die Bierabnahme vereinbart worden, sodass bei deren vorzeitiger Auflösung auch die fällige hohe Konventionalstrafe zu bezahlen war. Dies führte den Wirt natürlich erneut in eine „Schuldknechtschaft“ zu der neuen Brauerei, die ihn von der alten „ausgekauft“ hatte.

Erst 1906 schlossen die Münchner Brauereien die sogenannte „Vereinbarung“, die im Sinne einer Selbstverpflichtung unter anderem die Höhe der zu gewährenden Darlehen sowie die Nebenleistungen, die von den Brauereien an Wirte bzw. Großabnehmer geleistet werden durften, regulierten. Um diese Zeit war aber bereits etwa die Hälfte aller Münchner Wirtschaften in die Hände der Großbrauereien gefallen.

Der Aufstieg der Bierbarone

Die anfänglichen Vorteile des Biersatzregulativs mit staatlich garantiertem Gewinn kehrten sich im Verlauf der Jahre für die Brauer ins Gegenteil. Denn die immer höher steigenden Kosten für alle Arten an Aufwendungen konnten durch den einmal festgelegten Grundpreis von sechs Pfennig pro Mass, der nie an die geänderten Verhältnisse angepasst wurde, in keinster Weise mehr gedeckt werden. Nur durch Massenproduktion konnte noch Gewinn erzielt werden, wodurch immer mehr kleine Brauereien aufgeben mussten. Während der Zeit des Biersatzregulativs reduzierte sich die Zahl der Münchner Brauereien kontinuierlich auf etwa 15 aktive Betriebe. Jedoch behielten fast alle ehemaligen Brauereien ihr Schankrecht bei. Die Brauer, die sich im Wettbewerb behaupten konnten, machten nun aber allein durch die steigende Nachfrage der immer weiter anwachsenden Bevölkerung ein Vermögen und stiegen zu „Bierbaronen“ auf. Unter den 20 höchstbesteuerten Bürgern der Stadt München, also den „Superreichen“, war 1808 noch kein einziger Brauer vertreten, im Jahre 1860 waren es hingegen 13. Diese brachten ihren Reichtum zunehmend mit dem Bau repräsentativer Bierpaläste zum Ausdruck, von denen bis zum Jahre 1902 allein 20 entstanden. Errichtet auf den Lagerkellern vor der Stadt oder an Stelle der alten Stammhäuser in der Innenstadt zählten sie mit zu den markantesten Gebäuden der Stadt und prägten – ähnlich wie früher die Kirchenbauten – das Bild der wachsenden und prosperierenden Hauptstadt nachhaltig.

Spatenbräu

Der Bierausstoß der Münchner Brauereien wurde von nun an jährlich veröffentlicht. Im Braujahr 1828/29 verdrängte hier erstmals Georg Pschorr seinen Vater von der Spitze der Brauer, nachdem auch er sich die Aufstellung einer zweiten Braupfanne hatte genehmigen lassen. Die nächsten Jahrzehnte sahen immer weiter wechselnde Spitzenreiter aus dieser neuen Generation Brauer, die virtuos die gegebenen äußeren Bedingungen zu ihrem Vorteil zu nutzen verstanden. Einer davon war Gabriel Sedlmayr der Ältere (1772–1839), der einer Brauerfamilie aus Maisach bei München entstammte. Nachdem er Bräumeister im Hofbräuhaus war, kaufte er im Jahre 1807 die Oberspatenbrauerei in der Neuhauser Straße, damals die kleinste aller Münchner Brauereien, um sich selbstständig zu machen.

Noch im selben Jahr führte er als einer der ersten Brauer in München die damals modernste Form der Darre, die sogenannte „englische Darre“ ein, die mit Heißluft statt mit Rauch arbeitete und die Röstung des Malzes erheblich verbesserte. Kurioserweise war diese Art der Darrung in England zu jener Zeit gänzlich unbekannt. Sedlmayr entwickelte die Technik des Darrens durch eigene Experimente stetig weiter, sodass hierin vermutlich der Ursprung der späteren Behauptung zu sehen ist, er habe die englische Darre tatsächlich als allererster in München eingeführt. Konsequent nutzte er auch die Vorteile der Überwachung des Brauvorgangs mittels Thermometer, was von seinen Braugenossen anfangs verächtlich abgetan wurde.

Gabriel Sedlmayr der Ältere (1772-1839)

Ölgemälde in der Spatenbrauerei.

Ähnlich wie Pschorr konnte Sedlmayr rasch die Sudmenge gegenüber seinem Vorgänger um das Vier- bis Fünffache steigern. In den weiteren Jahrzehnten expandierte die Brauerei immer weiter: Im Jahre 1808 erwarb Sedlmayr zur zusätzlichen (rechtlich damals den Brauern zustehenden) Essig- und Branntweinherstellung den Hallerbräustadel (etwa an Stelle des Kaufhauses Hertie – heute Karstadt – vor dem Bahnhof), der ab 1811 die „Fabrik“ genannt wurde. Im Jahre 1818 wurde ein Sommerkeller auf dem Gasteig hinzugekauft und 1821 in der Spatenbrauerei die erste Dampfmaschine im Münchner Brauwesen aufgestellt. Neben mehrfachen Umbauten und Erweiterungen der Brauerei sowie der dazugehörigen Mälzerei pachtete Sedlmayr den Filserbräukeller in der Bayerstraße und kaufte im Jahre 1827 den Arzbergerkeller Ecke Nymphenburger-/Sandstraße (die Arzberger betrieben eine Brauerei am Unteranger). Auf diesem erbaute in den Jahren 1881/82 Gabriel von Seidl einen der schönsten Bierpaläste.

Dieser berühmte Architekt war übrigens ein Großneffe des Spatenbräus Gabriel Sedlmayr, und von der Spatenbrauerei erhielt er auch seine ersten Großaufträge. Er prägte zusammen mit seinem Bruder Emanuel den klassischen Typ des Münchner Bierpalastes. Ein Mitarbeiter Gabriel von Seidls war wiederum der Grafiker Otto Hupp, der 1884 das heute noch gültige Spatenlogo (neben unzähligen anderen Marken) entwickelte.

Der neue Arzbergerkeller wurde zur Attraktion durch die erste elektrische Beleuchtung eines Kellers in München. Durch die Bomben des Zweiten Weltkriegs unrettbar zerstört, wurde das Gelände Anfang der 1970er Jahre an den Freistaat zum Bau des Landgerichts München II verkauft.

1827 schließlich errichtete Gabriel Sedlmayr nach Bewilligung einer zweiten Sudpfanne in der „Fabrik" eine zweite komplette Brauerei und führte damit die Spatenbrauerei ins Spitzenfeld der Münchner Braubetriebe. Heute noch finden sich daher die Initialen G. und S. als Würdigung seiner Leistungen neben dem Spatensymbol auf dem Logo der Brauerei.

Ebenso wie Pschorr hatte auch Gabriel Sedlmayr zwei Söhne, die ihm in der Brauertradition nachfolgen sollten. Sein zweitgeborener Sohn, Gabriel Sedlmayr der Jüngere (1811–1891), trat im Jahre 1834 in den Betrieb ein.

Legendär sind dessen „Spionagereisen" unter anderem in das damals brautechnisch fortschrittliche England. Während auf dem europäischen Kontinent Hand-

GS Seit 1397 SPATEN München

Arzberger-Keller, Nymphenburger Straße

Fotografie, 1919.

Marken der größten Münchner Brauereien

Otto Hupp, 1893. Der bekannte Heraldiker (über 6.000 Wappen wurden von ihm gefertigt) arbeitete anfangs unter anderem in dem Grafikbüro von Gabriel von Seidl, für den er die Ausmalung der neu erbauten Bierpaläste übernahm. Zudem schuf er bereits 1884 das heute noch gültige Spaten-Logo, das schon damals als Markenzeichen im Sinne eines gezielten Marketings eingesetzt wurde.

werksbetriebe den Braubetrieb prägten, war dort die Industrialisierung bereits in vollem Gange. Die Brauereien vor allem in London waren damals schon Großbetriebe, die neben dem Einsatz modernster Technik auch durch geänderte Strukturen in der Betriebs- und Personalorganisation zu führenden Industrieunternehmen geworden waren. Über viele Zwischenstationen unter anderem in Böhmen reiste Gabriel Sedlmayr mit seinen Freunden Anton Dreher aus Wien und Georg Lederer aus Nürnberg (die beide später wie Sedlmayr Leiter ihrer jeweiligen Großbrauereien wurden) nach England. Dort lernten sie zur Kontrolle des Würzegehaltes und zur Überwachung des Gärprozesses den Einsatz des Saccharometers kennen, das auf dem Festland noch vollkommen unbekannt war.

Die englischen Brauer waren allerdings sehr zurückhaltend und keineswegs gewillt, ihre Betriebsgeheimnisse an die jungen Brauer weiterzugeben. Es ist verbürgt, dass Sedlmayr und Dreher daher in eigens präparierten hohlen Spazierstöcken, die unten mit einem Ventil versehen waren, heimlich Proben aus den Braukesseln entwendeten, um aus deren Untersuchung neue Kenntnisse für den Brauprozess zu gewinnen. Ständig in Furcht vor Entdeckung, war sich zumindest Sedlmayr der Tatsache seiner „Industriespionage“ dabei offenbar sehr bewusst.

Nach dem Tode des Vaters 1839 führte Gabriel Sedlmayr der Jüngere die Brauerei zunächst mit seinem älteren Bruder Josef (1808–1875) weiter, bis dieser drei Jahre später mit seinem Anteil eine eigene Brauerei kaufte, die in der Sendlinger Straße gelegene Leistbrauerei.

Unter Gabriel Sedlmayr dem Jüngeren gelangte die Spatenbrauerei zu Weltruhm, was auch von dem englischen Brauhistoriker Michael Jackson gewürdigt wurde: „Weil die Spatenbrauerei einen so großen Einfluss auf die Biere ausgeübt hat, die heute in den meisten Ländern getrunken werden, ist sie eine der wichtigsten Brauereien der Welt.“ (Behringer)

Sein Bruder Josef Sedlmayr stieg neben seiner Leistbrauerei zusätzlich in die Franziskanerbrauerei ein. Sedlmayrs Schwager August Deiglmayr, der zuvor bei Dreher in Wien als Bräumeister gearbeitet hatte, hatte diese althergebrachte Brauerei von seinem Vater geerbt, der sie 1842 gekauft hatte. Den Braubetrieb hatte der Vater bereits aus der Innenstadt in die Au verlegt und an seiner Stelle die heute noch bestehende Gaststätte eingerichtet.

Ab 1858 betrieb Josef Sedlmayr diese Brauerei gemeinsam mit seinem Schwager, drei Jahre später – nach dem erneuten Wechsel Deiglmayrs nach Wien – übernahm er sie ganz. Er fusionierte sie mit seiner Leistbrauerei, was zur Bildung einer zweiten Großbrauerei in den Händen der Familie Sedlmayr führte, sehr ähnlich der Situation bei den Konkurrenzbrauereien Hacker und Pschorr. Die ehemalige Leistbrauerei verlagerte ihre Produktion im Jahre 1865 von der Sendlinger Straße ebenfalls an die Hochstraße 7 in der Au. Der dortige Keller wurde wiederum von Gabriel von Seidl prachtvoll ausgebaut.

Die prosperierende Spatenbrauerei seines Bruders hatte zunehmend Schwierigkeiten, trotz aller technischen Neuerungen die wachsende Nachfrage durch die beiden Braustätten (Neuhauser Straße und „Fabrik“) zu decken. Das gesottene Bier

Gabriel Sedlmayr der Jüngere (1811–1891)

Ölgemälde in der Spatenbrauerei.

Franziskaner-Leist-Brauerei, Hochstraße

Werbepostkarte, um 1910.

Franziskaner-Brauerei, Hochstraße

Luftaufnahme, 1921. Aus dem Bildrand unten verläuft die Hochstraße schräg nach links oben. Das Bild wird dominiert vom ausgedehnten Komplex der Franziskaner-Leist-Brauerei, der von dem Keller an der Hochstraße nach rechts bis zur Franziskanerstraße reicht. Links ist parallel zur Hochstraße der Auer Mühlbach zu erkennen. In der Bildmitte im Hintergrund sieht man das Gelände des Bürgerbräus, links davon der Münchner-Kindl-Keller. Zwischen diesen beiden ist querverlaufend die Rosenheimer Straße zu erahnen. (Siehe Hervorhebung)

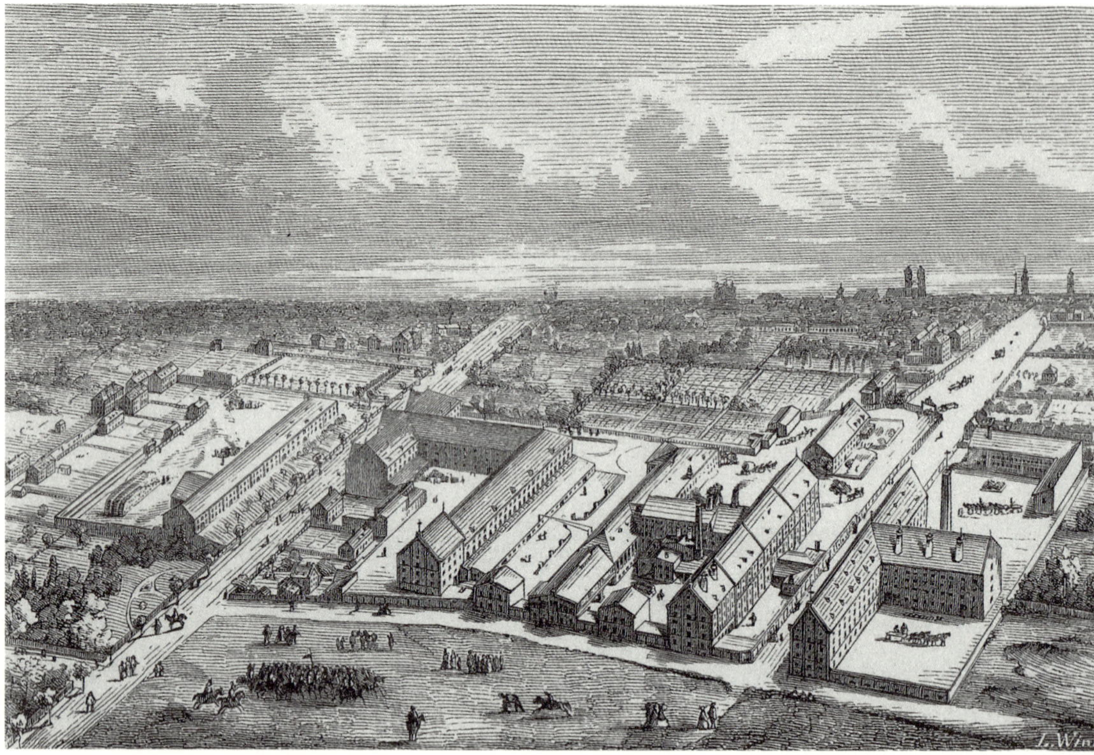

Spatenbrauerei

Stahlstich unbekannter Herkunft, 1867. Links von der Brauerei liegt die Karlstraße, rechts davon die Marsstraße. Die Querstraße im Vordergrund entspricht der heutigen Spatenstraße.

wurde in mehreren verschiedenen Kellern, die über die Stadt verteilt waren, eingelagert. Zusätzlich pachtete er weitere Brauereien hinzu und kaufte zum Teil sogar fremdes Bier auf, um es als eigenes weiterzugeben. Dieser Druck führte schließlich zum Kauf des Silberbauerkellers (benannt nach dem Braumeister des Unterkandlerbräus) an der Marsstraße mit angrenzenden, ausreichend großen Grundstücken. Dorthin wurde ab dem Jahre 1851 der gesamte Braubetrieb (nach Erwerb der Kaltenecker-Braugerechtsame 1848) verlagert und eine Großbrauerei im Fabrikstil errichtet, die sich in den folgenden Jahrzehnten immer weiter ausdehnte. Die Brauerei in der Neuhauser Straße wurde in der Folge geschlossen und zu Wohn- und Geschäftsräumen umgebaut.

Im Jahre 1867 gewann die Spatenbrauerei auf der Weltausstellung in Paris die Goldmedaille für ihr Bier, danach führte sie mehrere Jahrzehnte die Liste der Münchner Brauereien an. Gabriel Sedlmayr übergab die Spatenbrauerei 1874 an seine Söhne Johann, Karl und Anton, sein Bruder Josef die Franziskaner-Leist-Brauerei an seinen Sohn Gabriel Sedlmayr III. Im Jahre 1922 fusionierten die beiden mittlerweile als Aktiengesellschaften betriebenen Brauereien zur „Gabriel und Joseph

Rechte Seite: Zum Franziskaner, Residenzstraße

Fotografie von 1912.

Löwenbräu zum „Franziskaner"

Vorhergehende Doppelseite: Spatenbrauerei, Marsstraße

Luftaufnahme von 1926. Die Marsstraße zieht von der rechten unteren Ecke nach links (etwa zur Bildmitte). Die Brauerei liegt auf beiden Seiten der Marsstraße, nach rechts reicht sie bis zur Karlstraße. (Siehe Hervorhebung)

Spaten-Brauerei, Marsstraße

Werbeplakat von Claus Bergen, 1911. Die Orientierung ist gegenüber der Fotografie auf den letzten Seiten um 90° gedreht, sodass nun die Marsstraße im Hintergrund von links nach rechts oben verläuft, im Vordergrund die Karlstraße. An deren Beginn wurde aus „PR-Gründen" rechts vorne der Arzbergerkeller „versetzt", der in Wirklichkeit eine Parallelstraße weiter rechts, also an der Nymphenburger Straße (und damit außerhalb des Bildes) lag. Der Schornstein ganz rechts am Bildrand gehört bereits zur Löwenbrauerei.

Sedlmayr Spaten-Franziskaner-Leistbräu AG". Zwei Jahre später wurde der heute noch benutzte Werbespruch „Lass Dir raten, trinke Spaten" erfunden. Der bekannte Brauereihistoriker Fritz Sedlmayr war übrigens der Enkel von Gabriel Sedlmayr dem Jüngeren.

Reklamemarke Franziskaner-Leist-Brauerei, 1910/12

Löwenbräu

Im Wettstreit der Großbrauereien wurden die Pschorrs und Sedlmayrs jedoch alle Mitte des 19. Jahrhunderts von Löwenbräu überrundet, der sich mit großem Abstand an die Spitze der Münchner Brauereien setzte. Im Jahre 1818 hatte der aus bäuerlichen Verhältnissen stammende Georg Brey (1784–1854), der zuvor beim Wagnerbräu in der Neuhauser Gasse gelernt hatte, die Löwenbrauerei gekauft.

Mit offenbar ebenbürtigem Geschick wie die zuvor Erwähnten führte auch er die traditionsreiche, aber relativ unrentable Brauerei zum wirtschaftlichen Erfolg. Die Löwenbrauerei entwickelte sich stetig weiter zur schließlich größten Brauerei ganz Münchens. Ähnlich wie beim Spatenbräu waren zuletzt die Produktions- und Lagerstätten der Brauerei über die ganze Stadt verteilt, als im

Jahre 1826 weit vor den Toren der damaligen Stadt am Unterwiesenfeld, dem heutigen Stiglmaierplatz, zwei große Lagerkeller errichtet wurden.

Bereits im nächsten Jahr erwirkte er die Genehmigung einer zweiten Sudpfanne auf diesem Gelände und begann dort mit dem Braubetrieb. Nach zähem Ringen mit dem Magistrat sowie seinen Brauerkollegen konnte Brey 1844 die Braugerechtigkeit des Filserbräu erwerben und dadurch auf dem Gelände an der Nymphenburger

Löwenbräukeller, Stiglmaierplatz

Fotografie, 1885. Links fährt eine Dampftrambahn aus der Nymphenburger Straße auf den Platz ein.

Straße eine dritte Sudpfanne errichten. Bis zum Jahr 1851 wurde schließlich auch die Stamm-Braugerechtigkeit aus der Löwengrube transferiert, sodass der gesamte Braubetrieb zusammengelegt und damit die erste wirkliche Großbrauerei Münchens geschaffen wurde.

Bei Übernahme des Braubetriebes durch Georgs zweiten Sohn Ludwig Brey (1821–1897) – der erstgeborene Sohn musste wegen seiner Beteiligung an den Revolutionsunruhen um 1848 nach Amerika fliehen – war der Umzug des gesamten Brauereibetriebs abgeschlossen. Durch die immer mehr ausgeweitete Produktion wurde die Brauerei im Sudjahr 1863/64 zur größten Münchner Braustätte mit einem Anteil von 25 Prozent am Gesamtausstoß. Das Brauereigelände wurde auf das Gebiet gegenüber (südlich der Nymphenburger Straße) erweitert und die Filserbraugerechtigkeit dorthin übertragen. 20 Jahre später wurde in unmittelbarer Nähe zur Brauerei der Löwenbräukeller eröffnet, ein weiterer Prachtbau unter

Der Festsaal im Löwenbräukeller

Fotografie, 1897.

den Bierpalästen Münchens. Die beiden Betriebsanlagen nördlich und südlich der Nymphenburger Straße wurden 1904 durch einen Tunnel verbunden. Als Anekdote ist dabei anzumerken, dass sich die Stadt München damals schon vertraglich zusichern ließ, dass im Falle eines künftigen U-Bahn-Baus die Kosten für die Tieferlegung derselben von der Brauerei zu tragen wären. 80 (!) Jahre später trat dieser Fall dann tatsächlich beim Bau der Linie U 1 ein.

Nachdem sich Ludwig Brey, der zuvor wieder hinter den Dauerkonkurrenten Spaten zurückgefallen war, aus der Betriebsleitung zurückgezogen hatte, schob sich die Löwenbrauerei nach Gründung einer AG wieder unaufhaltsam und nun dauerhaft an die Spitze der Münchner Brauereien. Der Rückfall von Spaten war dabei unter anderem auch durch das Testament Gabriel Sedlmayrs des Jüngeren bedingt, der eine Auszahlung von je einer Million Gulden als Abfindung für jede seiner fünf Töchter vorsah. Dieser Kapitalverlust scheint gravierende Auswirkungen vor allem auf die eigentlich notwendigen Investitionen der Brauerei gehabt zu haben. ◙

Georg Brey (1784–1854)

Zeichnung unbekannter Herkunft, Spatenbrauerei.

Während wenige Brauereien somit immer größer wurden, zählten die kleinen Brauer, die an den alten Verhältnissen festzuhalten suchten, zu den Verlierern. Sie wurden im Wettstreit der Großbrauereien aufgerieben und mussten ihre häufig alteingesessenen Betriebe verkaufen. Diese wurden von den großen Brauereien dann entweder stillgelegt oder zu Lagerstätten bzw. Gasthäusern umfunktioniert, um die unliebsame Konkurrenz zu reduzieren.

Revolution auf Bairisch: Die Bierkrawalle

Im Volksempfinden hatte sich damals der Bierbrauer bereits fest als „Unperson" etabliert, die technikvernarrt und kaltherzig stets nur nach ihrer eigenen Gewinnmaximierung gierte. Der Bierpreis wurde daher mit Argusaugen beobachtet und immer als zu hoch empfunden; über ihn zu klagen wurde zur Lieblingsbeschäftigung für viele Münchner. Der typische „Biergärtner" hatte das Gefühl, während des Trinkens seiner Mass dem zunehmenden Reichtum der Brauer quasi zuzusehen. „Der Fremde […] wohin er sich auch fragend wendet, […] wird stets eine Klage über den hohen Preis des Bieres, und über unverhältnismäßigen Gewinn und daraus folgende unmäßige Bereicherung der Brauer auf Kosten des Publikums" stoßen, und zwar auch „in den höheren Schichten der Bevölkerung, in den Gesellschaften der gebildeten Stände". (Deuringer) Dieses Gefühl konnte letztlich mehr Menschen auf die Straße treiben als jede politische Forderung oder Ideologie. In einer Pariser Zeitung wurde dies 1832 so beschrieben: „Die Bayern sind ein derbes, aber gutmütiges Volk, sie ließen eher Holz auf sich spalten, als dass sie zu einem Aufstand zu bringen wären. Doch man nehme oder verkümmere ihnen ihr Bier, und sie werden wilder revolutionieren als irgendein Volk". (Behringer)

Drastisch wurde dies beim sogenannten Bierkrawall demonstriert. Während der Zeit des Biersatzregulativs wurde stets mit Beginn des Brauverbotes der von Seiten der Obrigkeit (also nicht von den Brauern) festgelegte Preis für das Sommerbier offiziell bekannt gegeben. Dieser war naturgemäß durch die beschriebene aufwändigere Herstellung höher als der für das Winterbier. Am 1. Mai 1844 führte die turnusgemäße Erhöhung des Bierpreises um zwei Pfennige, also von 6 auf 6½ Kreuzer (zu jener Zeit lag der Verdienst eines Tagelöhners bei etwa 40 Kreuzer pro Tag), zu einem Aufstand der biertrinkenden Masse. Im Maderbräu weigerten sich die dort sitzenden Soldaten, von ihrem kargen Sold den erhöhten Preis zu entrichten.

Alle Einwände und Erläuterungen des Wirtes nutzten nichts, sondern heizten im Gegenteil die Stimmung weiter auf. Ein Augenzeugenbericht beschrieb die nachfolgenden Ereignisse so: „Es verging keine Viertelstunde, so waren in genanntem Bräuhause alle Fenster zerschlagen, Türen und Türstöcke aus den Mauern gerissen und eine allgemeine Zerstörung aller Möbel in den Gastzimmern angerichtet". Einmal ausgebrochen, entlud sich der angestaute Volkszorn über die ganze Stadt, wodurch weitere 32 Brauereien praktisch komplett verwüstet wurden. Verschont wurden lediglich Eberl- und Menterbräu, die den Bierpreis nicht erhöht hatten. Erst nach mehreren Tagen konnte der Bürgeraufstand von Militär und Polizei beendet werden, wobei aber für die Befriedung eher die Rücknahme der Preiserhöhung durch die Brauer ausschlaggebend war.

Um sich die Dimension dieser Revolte klar zu machen, ist folgender Vergleich hilfreich: Während nach dem verlorenen Ersten Weltkrieg der 7. November 1918 mit der Revolution von Kurt Eisner, die immerhin das Ende der Monarchie bedeutete, in München ohne Verluste an Menschenleben geblieben war, starben beim Bierkrawall 1844 zwei Personen (ein Bürger und ein Soldat), 67 Personen wurden inhaftiert.

In den folgenden Jahren wurde von König Ludwig I. die Armee jeweils vor Beginn der Sommerperiode in erhöhte Alarmbereitschaft versetzt. Im Oktober 1844 setzte er den Bierpreis im königseigenen Hofbräuhaus sogar auf 5 Kreuzer herab, um „dem Militär und der arbeitenden Klasse einen gesunden und wohlfeilen Trunk zu bieten". Dies schützte ihn aber dennoch nicht vor den Unruhen im Jahre 1848, mit denen die wütenden Massen ihn – wenn auch aus anderen Gründen – zur Abdankung zwangen. Nach der Regierungsübernahme durch den Sohn

Der Bierkrawall 1848 und die Zerstörungen im Pschorrhaus

Bierkrawall 1848

Zeitungsabbildung vom 18. Oktober 1848 mit Zerstörung des Pschorrschen Bräuhauses. In der Bildmitte zu erkennen sind die teilnahmslosen Polizisten, über ihnen das aus dem Fenster gestürzte Piano der Familie Pschorr. Diese hatte sich in einem Winkel unterhalb der Treppe versteckt und musste um ihr Leben fürchten. Erst ein Trupp bewaffneter Landwehrmänner (links im Bild) konnte dem Treiben ein Ende setzen. Als Folge des Krawalles wurde über München der Ausnahmezustand ausgerufen und der Stadtkommandant seines Amtes enthoben.

Ludwigs, Maximilian II. (reg. 1848–1864), kehrte aber rasch wieder Ruhe im ansonsten sehr königstreuen München ein.

Allerdings kam es bereits im Oktober 1848 erneut zu Unruhen, da diesmal der Bierpreis wegen eines vorgeblichen Anstiegs der Rohstoffpreise erhöht wurde. Da das Militär offenkundig mit den Aufständischen sympathisierte, wurde neben anderen Stätten vor allem die Brauerei des führenden Brauers Pschorr in der Neuhauser Straße unter den Augen der Soldaten samt Privatwohnung von Grund auf vollkommen zerlegt. Pschorr bezifferte den Schaden auf 20.000 Gulden, was in etwa einer heutigen Kaufkraft von einer halben Million Euro entsprach. In der Folge verlor die Pschorrbrauerei ihren Spitzenplatz unter den Münchner Brauereien. Vermutlich kam der Regierung dieser erneute Krawall nicht ganz ungelegen, nahm er doch den Aufständischen etwas die Lust an einer politischen Revolution.

Auch die nächsten Jahrzehnte sahen immer wieder gewalttätige Ausschreitungen auf Grund von Bierpreissteigerungen, so zum Beispiel im Jahre 1865 nach Aufhebung des Biersatzregulativs (Bierschlacht auf dem Oktoberfest) sowie im Folgejahr, erneut mit Toten und Verletzten. Nachdem anschließend der Bierpreis volle zwei Jahrzehnte konstant geblieben war, führte dessen Erhöhung 1888 beim Märzenbock-Ausschank auf dem Nockherberg zu bürgerkriegsähnlichen Tumulten.

Diese konnten erst durch den Einsatz eines Regiments der Schweren Reiter beendet werden, „welches von der blanken Waffe Gebrauch machen musste, worauf es endlich gelang, den riesigen Skandal zu beenden". (Münchener Neueste Nachrichten vom 27. März 1888) Ein Ende des Aufstandes war jedoch wiederum nur durch die Rücknahme der Preiserhöhung zu bewirken.

Ein Resümee dieser letztlich schwer verständlichen, fast einhundertjährigen heftigsten Widerstände fasste 1905 ein Journalist zusammen (E. Stahleder): „Das Bier ist tatsächlich in München ein gesellschaftliches Element, dessen Bedeutung sich der Fremde schwerlich erklären kann. Wie es in München gebraut wird, und wie sich zu seinem Vorteil die Wasserverhältnisse, die klimatische Einwirkung auf den Gärungsprozess und vor allen Dingen auch die strengen behördlichen Vorschriften vereinigen, ist es auch hier nicht nur ein gesundes Genussmittel, sondern sogar ein Volksnahrungsmittel. [...] Man glaubt es als Fremder kaum, welch eine Rolle das Bier das ganze Jahr hindurch spielt".

Auch in der jüngeren Vergangenheit konnte sich die bayerische Seele immer wieder entrüsten, wenn am heiligen Fundament des Biergenusses gerüttelt wurde. So geschehen etwa beim Protest gegen die Aufhebung des Reinheitsgebotes durch den Europäischen Gerichtshof 1987 (im Rahmen der Importfreiheit) oder gegen die Verkürzung der Öffnungszeiten des Biergartens der Großhesseloher Waldwirtschaft („Biergartenrevolution").

In den Jahren nach den Bierkrawallen erlahmten die Proteste der Bevölkerung gegen den Bierpreis bzw. dessen Erhöhung, die Bürger waren offenbar mittlerweile abgestumpft. Das Ansehen der wenigen verbliebenen Bierbarone stieg in der Folgezeit wieder merklich. Der Enkel von Joseph Pschorr „durfte" sogar das Denkmal für Kaiser Ludwig am gleichnamigen Platz stiften, was wiederum die jahrhundertelange enge Verbundenheit der Brauer mit der Wittelsbacher Herrscherdynastie bekundete. Die letzten relevanten Unruhen wegen des Bierpreises fanden 1910 statt, nachdem die Brauereien wiederum die erhöhten Kosten durch ein neues Malzaufschlagsgesetz auf die Kunden abgewälzt hatten.

Das Oktoberfest

Nicht ausdenken möchte man sich die Folgen, falls das frühere Münchner „Temperament" heute noch bei der ritualisierten jährlichen Verkündung des neuen Oktoberfest-Bierpreises zum Ausbruch käme. Dieses bekanntlich „größte Volksfest der Welt" wurde erstmalig am 17. Oktober 1810 gefeiert anlässlich der Hochzeit von Kronprinz Ludwig mit Therese Charlotte Louise von Sachsen-Hildburg-

hausen, die fünf Tage zuvor stattgefunden hatte. Die Braut gab auch der Theresienwiese, auf der seither das Oktoberfest veranstaltet wird, ihren Namen. Diese Wiese lag damals vor den Toren der Stadt, wobei die Theresienhöhe eine Art natürliche Tribüne für die darunterliegende Wiese bildete. Sogenannte Oktoberfeste gab es zwar bereits davor, wobei aber damit der Verschleiß der jeweils letzten Fässer Sommer- oder Märzenbier zu Beginn der neuen Brausaison gemeint war – sofern noch welche übrig und genießbar waren. Im Oktober 1810 hingegen wurde zu Ehren des Hochzeitspaares ein Pferderennen abgehalten, was auf einen Vorschlag eines Unteroffiziers der Nationalgarde namens Franz Baumgartner zurückging. Dieser hatte die Idee, an das frühere Scharlachrennen (von 1780 bis 1786 auf der Jacobi-Dult abgehalten) anzuknüpfen. Die Organisation und Ausrichtung des Rennens im Stile der Olympischen Spiele, was der Antiken-Be-

Pferderennen Theresienwiese, Oktober 1810
Ölgemälde von Wilhelm von Kobell. Die damals noch namenlose Wiese weit vor der – im Hintergrund zu erkennenden – Stadt wurde später nach der Braut des Kronprinzen Theresienwiese benannt

Oktoberfest mit Augustiner-Bierbude

Fotografie, um 1894. Im Vordergrund Festgespann, Bedienungen und Kapelle.

geisterung des Kronprinzen zu verdanken war, wurde schließlich von seinem Vorgesetzten, Major Andreas Dall'Armi, einem Kegelbruder des Königs Maximilian I., ausgeführt.

Wegen des großen Zuspruchs der Bevölkerung wurde dieses Fest in der Folge jährlich zur gleichen Zeit wiederholt. Wegen der napoleonischen Kriege wurde es 1813 unterbrochen, danach aber wuchs es von Jahr zu Jahr. Anfänglich war das Oktoberfest ausschließlich ein Pferderennen, bei dem übrigens häufig der Lohnkutscher Xaver Krenkl gewann. Dieser wurde durch seinen Ausspruch „wer ko, der ko" berühmt, als er verbotenerweise die Kutsche König Ludwigs I. im Englischen Garten überholte. Erst ab 1817 änderte sich der Charakter des Festes langsam. Hinzu kamen nun Kegelbahnen und Schaukeln, 1818 das erste Karussell sowie die ersten Bretterbuden von Münchner Wirten. Ab dem folgenden Jahr übernahmen die Stadtväter Münchens die Organisation, und nur in besonderen

Krisenzeiten fiel das Fest aus (z.B. während der zwei Choleraepidemien 1854 und 1873 sowie während der beiden Weltkriege).

Seit 1850 wird die Wiesn gekrönt von der Monumentalstatue der Bavaria, die damals als technische Meisterleistung von Ferdinand von Miller nach einem Entwurf von Ludwig Schwanthaler geschaffen wurde. Drei Jahre später wurde hinter der Statue die Ruhmeshalle erbaut, in der auch das herausragende unternehmerische Engagement von Joseph Pschorr als einzigem Brauer durch die Aufstellung seiner Büste gewürdigt wurde. Derselbe ist übrigens auch auf dem kürzlich wieder im Sitzungssaal des Neuen Rathauses aufgehängten monumentalen Wandgemälde von Carl Theodor von Piloty in Brauerkluft abgebildet.

Innovationen und Aktiengesellschaften

Nach der Aufhebung des Biersatzregulativs, 1865 zunächst „versuchsweise", 1868 dann dauerhaft, setzte sich der Konzentrationsprozess innerhalb eines freien Marktes immer weiter fort und es entstanden industriell arbeitende Braubetriebe. Eine Brauerei zählte zu dieser Zeit zu den kapitalintensivsten Gewerben überhaupt: Lag der Kaufpreis einer durchschnittlichen Brauerei im Jahre 1825 noch bei 40.000 Gulden, so wurden um 1880 bereits Preise von über einer Million bezahlt. Die Verlockung des großen Geldes führte Ende des 19. Jahrhunderts zu einem regelrechten „run" auf das Braugewerbe. Durch die immer stärker steigende Bevölkerungszahl (von 1800 bis 1900 hatte sich die Einwohnerzahl auf eine halbe Million verzehnfacht) schien eine Brauereigründung eine „sichere Sache". In Folge einer Reihe von Missernten und dadurch stark steigender Malzpreise sowie durch die zunehmende Konkurrenz gingen jedoch viele der Neugründungen dieses aufgeheizten „Neuen Marktes" in den weiteren Jahren wieder bankrott. In den 1880er Jahren brauten etwa 40 Brauereien gleichzeitig, nach 25 Jahren hatte sich diese Zahl wieder auf die Hälfte reduziert.

Diese Entwicklungsphase des Brauwesens ist gekennzeichnet durch wesentliche technische Innovationen wie zum Beispiel die Einführung des Thermometers und Saccharometers, das Gabriel Sedlmayr der Jüngere aus England mitbrachte, oder die schon erwähnte Umstellung der Brauereien auf Dampfbetrieb. Als ein Beispiel für die Erleichterung der Arbeit in den Brauereien sei die Erfindung der mechanischen Darrwender genannt, die das sogenannte „Darrabräumen", das heißt das Umwenden des Malzes von Hand auf den heißen Böden der Darre, ablöste.

Bis dahin musste diese fürchterliche Arbeit von den Bräuknechten erledigt werden, was von Zeitzeugen sehr eindrucksvoll beschrieben wurde: „[...] dafür aber ist es so heiß, dass beim Abdarren Nase, Ohren und Fingerspitzen brennen. [...] Da die Verwendung der im allgemeinen üblichen hohen Schlappschuhe – hohe Stiefel sind zunftwidrig – beim Abräumen des Darrmalzes hinderlich sind, laufen die Mälzer auf den bloßen Socken, und da das Darrblech noch keineswegs hinreichend gekühlt ist, wird der Gang der Leute automatisch in rascherem Tempo erledigt, als es den persönlichen Intentionen entspricht." (Wild)

Das Jahr 1873 sah dann zwei wirklich herausragende Meilensteine in der Entwicklung des Bierbrauens. Von Carl von Linde wurde im Auftrag der Spatenbrauerei die erste Kältemaschine entwickelt. Wenngleich die erste aufgestellte Maschine, die noch mit Methylether arbeitete, bereits nach wenigen Wochen explodierte, so erwiesen sich die Nachfolgemodelle auf Ammoniakbasis als verlässliche technische Investitionen. Danach konnte das Brauen endlich jahreszeitenunabhängig das ganze Jahr über betrieben werden.

Noch im selben Jahr entdeckte Louis Pasteur die Bierhefepilze (Saccharomyces cerevisiae) bzw. deren falsche Zusammensetzung als Ursache für das Sauerwerden des Biers. Unter seiner Leitung wurde bei Paris ein „Revanchebier" (als Reaktion auf den Verlust von Elsaß-Lothringen so genannt) gebraut, welches die deutsche Brauwirtschaft in ihre Schranken weisen sollte. Allerdings wollten nicht einmal die

Darrboden der Augustinerbrauerei, Landsberger Straße

Fotografie, um 1894. Hier sind bereits die mechanischen Darrwender installiert.

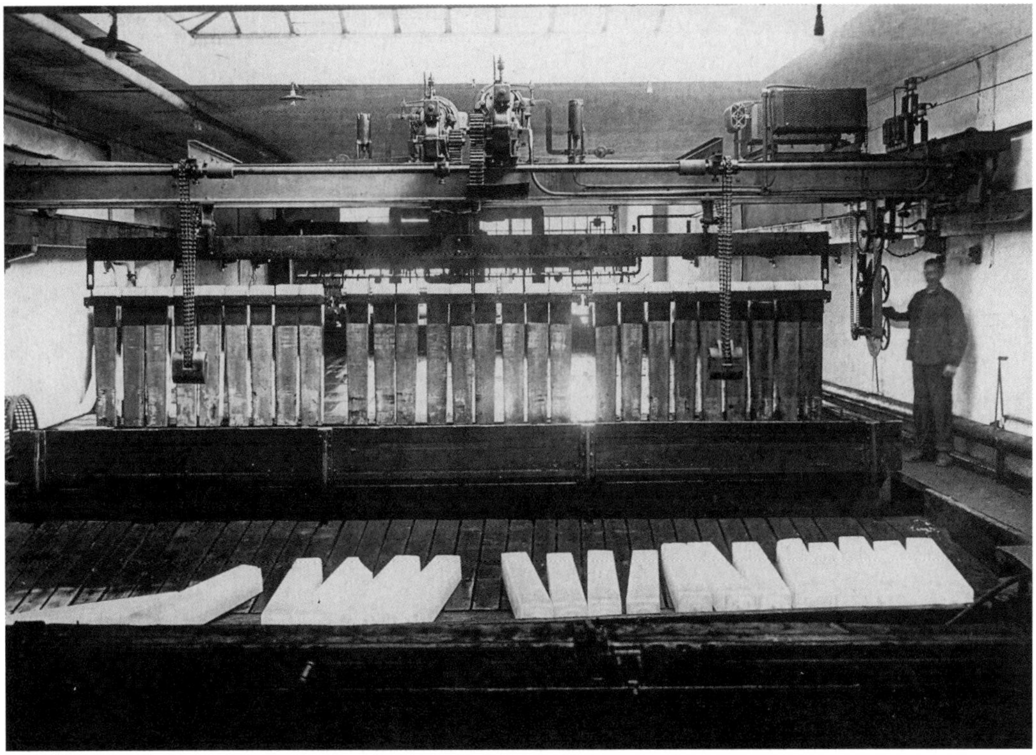

Stangeneisproduktion, vmtl. Spatenbrauerei
Fotografie, um 1900.

Brauer dieses Bieres, das angeblich alle „falschen" Hefearten unterdrücken würde, dasselbe trinken. Sah sich Pasteur also zunächst noch Hohn und Spott ausgesetzt, wurde zehn Jahre später durch Emil Christian Hansen die Reinhefe entwickelt, welche das bis dahin bestehende, unwägbare „Gährungsabenteuer" zum kalkulierbaren Industrieprozess machte. Mit der Entwicklung der Eisenbahn konnte das Bier über das zunehmend expandierende Schienennetz in speziellen Kühlwaggons in alle Welt exportiert werden, so beispielsweise zur Weltausstellung nach Paris im Jahre 1900.

Mit der Gründung des Deutschen Reiches 1871 hatten die „Milliardenjahre" begonnen, die auch zu einem deutlichen Aufschwung des Bürgertums führten. Im gleichen Zuge entwickelte sich eine neue Trinkkultur, der öffentliche Genuss von Alkohol war nicht mehr geächtet und vor allem die Burschenschaften sahen das Zechen als geradezu identitätsstiftend an. Das Bier wurde salonfähig. Heute liegt Bayern mit einem Konsum von jährlich etwa 180 Litern Bier pro Kopf weltweit an der Spitze, im Ländervergleich fällt Deutschland leicht gegenüber Tschechien zurück. Für München ist dagegen Anfang des 19. Jahrhunderts ein Pro-Kopf-Verbrauch von sage und schreibe 800 Litern dokumentiert (Schäder), bezogen auf alle Einwohner vom Säugling bis zur Greisin. Bis zur Reichsgründung war dieser zwar bereits deutlich zurückgegangen, lag aber immer noch konstant bei über 500 Litern. Und dabei entsprach der Alkoholgehalt durchaus dem der heutigen Biere. Dieser unglaubliche „Durst" war eine Münchner Eigenart: Der Pro-Kopf-Verbrauch im gesamten Königreich Bayern lag bei etwa 200 Litern, im Deutschen Reich gar bei nur 100 Litern. Das Münchner Gesundheitsamt sah sich 1876 daher veranlasst, stillenden Müttern vom Konsum der üblichen drei bis vier Liter „Kraftnahrung" täglich abzuraten mit dem Hinweis, ein Liter sei genug. Erst mit Beginn der Abstinenzbewegung um die Jahrhundertwende nahm der Verbrauch dann kontinuierlich bis in die 1920er Jahre auf das durchschnittliche bayerische Niveau ab. Für die Brauereien kam zu diesem reduzierten lokalen Bedarf zunehmend aber der Exportmarkt hinzu, der 1880 bereits 25 Prozent der Gesamtproduktion ausmachte. Dieser Anteil stieg bis 1909 auf 53 Prozent an. Vor allem die Löwenbrauerei hatte stark in die Absatzmärkte im In- und Ausland investiert.

Ab 1871: Eine Gründerzeit der Brauereien

Durch den stetig gestiegenen Kapitalbedarf wandelten sich nach und nach alle größeren Brauereien in Aktiengesellschaften um, beginnend mit der Löwenbrauerei 1872. Mit den Aktiengesellschaften und dem dadurch bereitgestellten Kapital für die notwendigen Investitionen begann für die Brauereien erst wirklich die Zeit der Industrialisierung. Im Jahre 1880 waren in Deutschland 25 Prozent aller bestehenden Aktiengesellschaften Brauereien, in Bayern hingegen waren es 42 Prozent. Darunter gab es allerdings auch zum Teil Gründungen wie die „Münchner-Kindl-Aktiengesellschaft", die bereits nach 25 Jahren wieder verschwunden war. Sie wurde von einem rein spekulativen Konsortium im Jahre 1880 gegründet mit der Braugerechtigkeit der alten Singlspielerbrauerei; die zudem aufgekaufte Metzgerbrauerei im Tal diente als Schanklokal für das gebraute Bier.

Die Münchner-Kindl-Brauerei hatte schon zuvor einen Keller am Gasteig erworben und mehrere Grundstücke dort hinzugekauft. Diese wurden zu einem einzigen Grundstück an der Rosenheimer Straße vereinigt, um dort den größten Bierpalast Münchens zu errichten – den Münchner-Kindl-Keller.

In der Folgezeit wurde dieser Keller mehrfach umgebaut und unter Zukauf weiterer angrenzender Keller erweitert, wodurch hier zu Beginn des 20. Jahrhunderts der größte Saal in ganz Deutschland entstand. Trotz dieser positiven Entwicklung fielen die Aktien jedoch plötzlich drastisch, sodass die Unionsbrauerei 1905 die

Münchner-Kindl-Brauerei

Postkarte mit Darstellung des alten Brauereigeländes, 1897.

Münchner-Kindl-Brauerei, Hochstraße

Fotografie, um 1910. Links vor der Brauerei, die am Rande der sogenannten Kellerstadt gelegen war, ist der Eingang in den Stubenvoll-Keller zu erkennen. Nach rechts führt die Hochstraße weiter zur Franziskaner-Leist-Brauerei.

Münchner-Kindl-Brauerei übernehmen konnte (die Aktien wurden im Verhältnis 10:1 umgetauscht). Nach weiteren Fusionen wurde der Münchner-Kindl-Keller schließlich im Jahre 1923 komplett geschlossen.

Als Beispiel für eine erfolgreiche Neugründung dieser Jahre lässt sich die Brauerei zum Thomasbräu anführen. Sie wurde im Jahre 1881 von Josef Hubinger am Kapuzinerplatz gegründet, da diese Gegend in Folge der Stadterweiterung um den vergrößerten Südfriedhof für Investoren interessant geworden war. Acht Jahre später wurde die Brauerei von den Gebrüdern Ludwig und Eugen Thomass gekauft, von denen Letzterer sein Handwerk in Pilsen erlernt hatte. Um eine vermeintliche Tradition mit Klosterbrauereien nahezulegen, wurde der Brauereiname nach dem heiligen Thomas nur mit einfachem s geschrieben.

Münchner-Kindl-Keller

Fotografie, um 1900.

Thomasbrauerei am Kapuzinerplatz

Fotografie, 1896. Rechts am Gebäude entlang verläuft die Kapuzinerstraße, links die Tumblingerstraße. Die Brauerei füllte das gesamte Gelände dahinter bis zur Maistraße aus.

Das Bier der Thomasbrauerei kam bei der Bevölkerung so gut an, dass diese immer weiter expandierte und schließlich bis zur Maistraße reichte. 1923 schloss sich die Thomasbrauerei zu einer Interessensgemeinschaft mit der Paulanerbrauerei zusammen, fünf Jahre später erfolgte die vollständige Fusion. Heute wird im Stammhaus am Kapuzinerplatz wieder ein eigenes, naturtrübes Bier gebraut und verköstigt.

Das Münchner Helle

Bis zur Mitte des 19. Jahrhunderts gab es in München neben Weiß- und Bockbier, die beide Monopol des Hofbräus waren, sowie den nur im Frühjahr gebrauten Starkbieren im Wesentlichen nur zwei Biersorten: das weniger stark gesottene Winter- sowie das länger haltbare Sommerbier mit höherem Stammwürzegehalt. Nach Wegfall des Sommersudverbotes setzte sich bis 1888 das ganzjährige Brauen von Sommerbier durch, später wurde auch das leichtere Winterbier das ganze Jahr über hergestellt. Am 20. Juni 1895 kam nun zusätzlich eine neue Biersorte auf den Markt: das „helle" Bier. Dieses wurde von der Spatenbrauerei hergestellt, die es bereits ein Jahr zuvor erstmalig „nach Pilsener Art" für den Export nach Norddeutschland gebraut hatte, um sich dort der Konkurrenz durch die Pilsener Brauereien zu erwehren. Nur elf Tage später wurde auch von der Thomasbrauerei ein helles Bier in München verkauft, die somit parallel zu Spatenbräu mit der Entwicklung dieses Biertyps begonnen haben musste. Eugen Thomass hatte mehrere Jahre in Pilsen als Braumeister gearbeitet und dort die entsprechende Brauweise erlernt (wobei kurioserweise die Pilsener Brauart erst ab etwa 1840 durch bayerische Braumeister entwickelt wurde, die in Pilsen gezielt zur Verbesserung der dort schlechten Bierqualität angeworben worden waren).

Jedoch kann das häufig als Geburtstag des Münchner Hellen angegebene Datum vom Juni 1895 so nicht bestätigt werden. Denn bereits im Jahre 1829 waren laut einer Umfrage über die Bierfarbe der damals 51 Brauereien in der Zeitschrift „Wöchentlicher Anzeiger für Biertrinker" 28 Biere als weingelb und nur 23 als braun beschrieben worden. Laut Aussagen von Carl Sedlmayr (Spatenbräu) selbst, dem vermeintlichen Erfinder des Hellen, blieb diese Situation auch noch bis in die 1840er Jahre bestehen. Erst danach setzte sich das Dunkle als das typische Münchner Bier durch.

Als erstes wiedereingeführtes helles Bier muss außerdem das „Märzenbier" (dieser Name wurde vor Ende des Sommersudverbotes als Synonym für das Sommerbier verwendet) der Franziskaner-Leist-Brauerei angesehen werden. Dieses wurde bereits 1871 vom Sohn Josef Sedlmayrs „nach Wiener Art" (das heißt mit etwas höherem Stammwürzegehalt) gebraut. Als der Brauerei während des Oktoberfestes ein Jahr später frühzeitig das Sommerbier ausging, wurde anstelle des üblichen Winterbiers erstmals das Märzenbier ausgeschenkt. Dieses etablierte sich trotz des höheren Preises in den Folgejahren auch bei den anderen Brauereien als ausschließliches Wiesn-Bier. Der Spatenzelt-Festwirt Michael Schottenhamel quittierte dies mit dem Satz: „Wann d'Münchner was richtigs kriag'n, na schaug'n sie's Geld net an."

1911 drohte – ähnlich wie Jahre zuvor beim Streit um den Namen Salvator – eine Auseinandersetzung zwischen dem Verein Münchener Brauereien und der Thomasbrauerei, da diese bei ihrem Hellen den Zusatz „Urtyp" als Verweis auf eine vermeintliche Urheberschaft an der neuen Biersorte führte. Ein langwieriger und teurer Rechtsstreit wurde hier aber durch die freiwillige Rücknahme des Zusatzes vermieden. Der Verein Münchener Brauereien war 1871 als Interessensgemeinschaft einzelner Brauereien entstanden und versuchte vordringlich, die Marke „Münchener Bier" national und international vor Missbrauch zu schützen.

Gegen anfängliche Widerstände sowohl der Wirte (die zunächst Probleme darin sahen, zwei verschiedene Biersorten gleichzeitig vorrätig und damit kühl halten zu müssen), als auch der Brauereien (diese sahen durch die neue Sorte den guten Marken-Ruf des dunklen Münchner Bieres in Gefahr) setzte sich das helle Bier langfristig in München durch, wobei aber zunächst das Dunkle weiterhin in der Beliebtheit führte. Erst nach dem Zweiten Weltkrieg setzte das Helle zu seinem Siegeszug an und wurde schließlich „das" Münchner Bier. Die Namen Sommer- und Winterbier wurden noch bis zum Ersten Weltkrieg weiter benutzt. Während des Kriegs wurden dann – bedingt durch den zunehmenden Mangel an Braugerste – zwei neue Bezeichnungen für das immer dünner eingesottene Bier verwendet, nämlich Kriegs- und Lagerbier. Das Kriegsbier hatte einen höheren Stammwürzegehalt und war ausschließlich für die Feldtruppen bestimmt. Nach Kriegsende wurde das Kriegs- zum Exportbier (somit dem Nachfolger des früheren Sommerbieres) und das Lager- zum Vollbier umbenannt (entsprechend dem vormaligen Winterbier). Beide Biersorten wurden jeweils als dunkles und als helles Bier gebraut, sodass diese vier Grundsorten etwa 90 Prozent der gesamten Bierproduktion in München ausmachten. Alle übrigen Biere wie Weiß-, Bock- und Starkbiere, die erst nach dem Krieg wieder produziert wurden, liefen nun unter der Bezeichnung „Spezialbiere". Darunter fielen auch die zunehmend produzierten alkoholärmeren Biere wie Nähr- und Heilbier. ◙

Auch die Neugründung der Brauerei zum Wagnerbräu in der Au zählte zu den Erfolgsgeschichten der Gründerzeit. Der ehemalige Bräumeister des säkularisierten Heiliggeistspitals, Schmucker, kaufte Teile eines Gebäudekomplexes in der Lilienstraße 24/25 und gründete dort die kurzlebige Schmuckerbrauerei. Nach seinem Tode 1852 wurde der Braubetrieb zunächst wieder eingestellt, die Gebäude wurden im Jahre 1862 von Johann Wagner gekauft. Sein Sohn Hans nahm 1901 das Brauen wieder auf, der Ausschank erfolgte in der gegenüber neu errichteten Gaststätte. Die Brauerei zählte damals rasch zu den soliden Privatbrauereien (wie Augustinerbräu und die

Wagnerbrauerei, Lilienstraße
Fotografie, 1909. Ausgeschenkt wurde das Bier in der rechts am Bildrand noch angeschnittenen Gaststätte, die heute noch als Wirtshaus fortbesteht.

Schneiderbrauerei), berühmt war sie vor allem für ihr Starkbier Patentator. Hans Wagner war unter anderem Förderer von Karl Valentin, der gleich um die Ecke geboren wurde. Die Brauerei wurde erst 1937 aufgelassen (fünf Jahre nach dem Tod von Kommerzienrat Wagner), heute wird zumindest die Tradition der Gaststätte vom „Wirtshaus in der Au" fortgeführt.

Um die Jahrhundertwende führten die Brauereien unangefochten die Spitze der Münchner Wirtschaftsunternehmen an. Sie waren die Gesellschaften mit der größten Anzahl an Beschäftigten und dem höchsten Umsatz aller Betriebe. In dieser Zeit stieg die Zahl der Aktienbrauereien auf über 40 an. Sie ging dann jedoch bereits vor dem Ersten Weltkrieg wieder auf neun zurück. Denn neue Wirtschaftszweige lösten die Brauereien in ihrer Führungsrolle ab, und unter den zehn Branchen mit der größten Zahl an Beschäftigten lagen sie schon 1907 nur noch auf dem neunten Platz.

Schneiderbräu – Der Wiederaufstieg des Weißbiers

Mitte des 18. Jahrhunderts hatte sich wieder einmal der Geschmack der Münchner geändert und es wurde zunehmend weniger Weißbier getrunken. In der Folge war das Weißbiermonopol der Wittelsbacher von Kurfürst Karl Theodor wegen der geringen Nachfrage 1798 aufgegeben worden. Wenig später, 1799, wurde auch der Bierzwang endgültig aufgehoben, der die Wirte zur ausschließlichen Abnahme des Biers von Münchner Brauereien verpflichtet hatte. In dieser Zeit wurde Georg Schneider ab dem Jahre 1855 Pächter und Braumeister des königlichen Hofbräuhauses.

Im Jahre 1872 stellte das Hofbräuhaus dann die Weißbierproduktion vollständig ein, da durch die erwähnte Veränderung der Konsumgewohnheiten zuvor weniger als 2.000 Hektoliter pro Jahr abgesetzt werden konnten. Man benötigte damals allerdings weiterhin das herzogliche Regal, um Weißbier brauen zu dürfen.

Georg Schneider verlegte nun dieses nicht mehr benötigte herzogliche Regal zum Weißbierbrauen in die Maderbräustraße. Benannt ist diese nach einer Brauerei aus dem Jahre 1482, die entlang der gesamten Straße bis zum Tal reichte, und die wie erwähnt etwa 30 Jahre zuvor Ausgangspunkt des ersten Münchner Bierkrawalls gewesen war. Diese hatte Georg Schneider zuvor gekauft, und dort begann er mit seinem Sohn zusammen, ein offenbar hervorragendes Weißbier zu brauen.

Georg Schneider I. (1817–1890)
Fotografie, undatiert

Dadurch kam diese Biersorte zu einer erneuten Blüte und wurde so vor dem drohenden „Aussterben" bewahrt. Die Brauerei florierte, sodass 1903/04 ein repräsentativer Neubau anstelle der alten Gebäude errichtet wurde, das heute noch bestehende „Weiße Bräuhaus" im Tal. Dennoch wurden damals in München aber nie mehr als 40.000 Hektoliter Weißbier pro Jahr getrunken, das entsprach gerade etwa 1,5 Prozent (!) des Gesamtbierausstoßes. Erst zwischen beziehungsweise nach den Weltkriegen nahmen die Großbrauereien in München das Weißbierbrauen wieder auf, und heute stellt es die einzige Biersorte mit anhaltenden Zuwachsraten dar.

Das „Weiße Bräuhaus" wurde im Zweiten Weltkrieg so schwer zerstört, dass der Braubetrieb nach Kelheim in das ehemalige Hofbräuhaus von Kurfürst Maximilian I. verlegt wurde, welches die Familie Schneider bereits zuvor erworben hatte. Auch heute noch wird die Brauerei im Familienbetrieb von Georg Schneider geführt. Mit der Verlegung des Braubetriebs ging allerdings ein einzigartiges Privileg verloren: das Recht, auf der Wiesn – dem Oktoberfest – Bier ausschenken zu dürfen, denn dies wird nur Brauereien zugestanden, deren Betriebsstätten auf Münchner Stadtgebiet liegen.

Weißes Bräuhaus, im Tal

Fotografie, 1903. Links ist die Maderbräugasse zu erkennen.

Die schöne Coletta

Im Tal lag eine weitere Brauerei, die Mitte des 16. Jahrhunderts (1557) gegründet wurde. Der Bräu Hans Sternegger gab 1575 der Braustätte und bis heute der Seitenstraße seinen Namen. Seit 1793 war die Brauerei im Besitz der Familie Trappentreu. Johann Baptist Trappentreu (gestorben 1883) war zu seiner Zeit als Wohltäter bekannt, der wegen seiner unzähligen gestifteten Kirchenglocken der „Glockenmann vom Sterneckerbräu" genannt wurde. Er war auch maßgeblich an der Erhaltung der Heiliggeistkirche beteiligt, die wie erwähnt ursprünglich zusammen mit dem gleichnamigen Spital abgebrochen werden sollte. Zugleich

Sterneckerbräu, Tal 54/55

Fotografie, 1894. Rechts neben der Brauerei ist die gleichnamige Gasse noch zu erkennen, in der auf der rechten Seite das Münchner Bier- und Oktoberfestmuseum liegt.

Die schöne Coletta (1860–1953)
Ölgemälde von Toni Aron, 1880.

Kellnerinnen des Hofbräuhauses am Platzl
Fotografie von 1921. Der Vergleich macht leicht deutlich, warum Coletta Möritz als „die schöne Münchnerin" schlechthin galt.

war er ein großzügiger Mäzen und sah deshalb im Sterneckerbräu die wichtigsten Maler seiner Zeit als Gäste ein- und ausgehen. Carl Spitzweg war damals bereits ein alter Junggeselle, aber auch die „angesagten" jungen Künstler Friedrich August von Kaulbach und Franz von Lenbach gehörten zur Stammkundschaft.

In der Brauerei arbeitete ein junges Biermädel (d.h. eine Angestellte, die den eigentlichen Kellnerinnen zuarbeitete) namens Coletta Möritz, die für damalige Verhältnisse der Inbegriff der schönen Münchnerin war. Kaulbach hatte im Jahre 1878 die gerade 18-Jährige auf einem Bierfass tanzend als „Schützenliesl" verewigt, wobei sie stets einen Besuch im Atelier des mit zweifelhaftem Ruf belegten Malers verweigerte und daher während ihrer Arbeitszeit in der Brauerei porträtiert wurde. Drei Jahre später wurde dieses fünf Meter große Ölbild anlässlich eines großen Schützenfestes auf der Theresienwiese als Dekoration eines Bierzeltes verwendet und gab diesem seinen heute noch gültigen Namen. Auf Grund der riesigen Popularität dieser Figur übernahm die Münchner-Kindl-Brauerei das Bild als Firmenlogo und ließ sich die Markenrechte eintragen (während Kaulbach als einziger nicht von der Vermarktung seines Bildes profitierte). Das Ori-

Wirtschaft „Zur Schützenlisl"

Postkarte, 1881. Das auf diesem Turm verwendete, fünf Meter große Gemälde von Friedrich August von Kaulbach hängt heute in der Gaststätte der Hauptschützengesellschaft.

ginalbild hängt heute in der Traditionsgaststätte der „königlich privilegierten Hauptschützengesellschaft“ in Sendling.

Erster Weltkrieg und Räterepublik

Die Auswirkungen des Ersten Weltkriegs waren für das Münchner Brauwesen verheerend. Durch den zunehmenden Mangel an Getreide wurde das Bier immer dünner eingesotten, und die fehlende Kohle, die zum Heizen der Braupfannen unersetzlich war, brachte die Brauereien in existenzielle Schwierigkeiten. Die ausländischen Absatzmärkte brachen weg, die Brauer und Bräuknechte wurden zum Militärdienst eingezogen, Lastwagen und Pferde mussten der Armee zur Verfügung gestellt werden, und sogar Teile der Brauanlagen wie die kupfernen Sudpfannen und -deckel wurden in den späteren Kriegsjahren zur Waffenfabrikation ausgeschlachtet.

Biertransport an die Front

Postkarte von 1915.

Frisches „Münchner“ im Feld.

Eine Brauerei, die besonders eng mit den Ereignissen am Ende des Ersten Weltkriegs verknüpft war, war die Mathäserbrauerei. Diese lag in der Bayerstraße nahe dem Stachus. Dessen Name geht übrigens auf eine 1755 eröffnete Weißbierzäpflerei an Stelle des heutigen Kaufhofs zurück, die nach ihrem Wirt, Eustachius Föderl, „Stachusgarten" genannt wurde. Hier am Beginn der Bayerstraße lagen bis ins Jahr 1998 die Mathäser-Bierhallen, bevor diese abgerissen und durch ein Multiplex-Kinocenter ersetzt wurden. Die dazugehörige Brauerei hatte eine bewegte Geschichte hinter sich, die auch wieder exemplarisch für die fieberhaften Neugründungen Anfang des 19. Jahrhunderts stand. Die Braugerechtigkeit des Mathäser ging auf das ehemalige Fuchsbräu in der Theatinerstraße zurück. Im Jahre 1818 wurde die bereits heruntergewirtschaftete Brauerei von Georg Hartl aufgekauft und der Betrieb in die Bayerstraße verlegt. Nachfolger war zunächst Graf Theobald von Butler-Haimhausen, bis die Braustätte dann von Georg Mathäser erworben wurde.

In den Revolutionswirren nach dem Ende des Ersten Weltkriegs diente die bereits stillgelegte und nur noch als Gaststätte betriebene Brauerei den Rotarmis-

Hartlsches Brauhaus, Bayerstraße

Aquarell von Joseph Puschkin, 19. Jahrhundert. An dieser Stelle entstand später die Mathäserbrauerei.

Mathäserbräu

Fotografie, 1893.

Mathäserbräu

Fotopostkarte, undatiert. Erkennbar ist der völlig abgebrannte Dachstuhl mit den stehengebliebenen Kaminen nach den Angriffen der Weißgardisten auf das Hauptquartier der Revolutionäre.

Gerstenhaus der Löwenbrauerei

Fotografie, 1919. Die Rotarmisten hatten sich am 2. Mai 1919 auf das Gelände der Löwenbrauerei zurückgezogen, welches daraufhin von den Regierungstruppen unter Beschuss genommen wurde. Vor allem im oberen Teil des Gebäudes sind die Einschusslöcher der Granaten zu erkennen.

ten als Hauptquartier. Die hier verschanzten Revolutionäre, im Volke wegen ihrer Verbindung zu den Sowjets „Russen“ genannt, bereiteten sich auf den Einmarsch der Weißgardisten vor. Damit ihre Wachposten vom Biergenuss nicht zu schläfrig wurden, mussten diese ihr Weißbier mit Zitronenlimonade verdünnen. Auf diese Weise wurde die heute noch beliebte „Russnmass“ aus der Taufe gehoben. Die Geschichte nahm leider danach ein trauriges Ende, denn die Revolution wurde von den konservativen Kräften blutig niedergeschlagen, und an einigen der Revolutionäre ein grausames Exempel statuiert.

Xaver Kugler (rechts)

Fotografie, 1926. In diesem Jahr sowie im Vorjahr war Kugler auch Festwirt des Augustiner-Zeltes auf der Wiesn.

An dieser Stelle sei ergänzend auch die Gründungslegende der Radlermass kurz erwähnt: Diese wurde angeblich von dem Wirt Xaver Kugler auf seiner Alm bei Deisenhofen, einem beliebten Ausflugziel gerade für die Münchner Radfahrer, erfunden. An einem heißen Sommertag ging 1922 das Bier bedrohlich zur Neige, weshalb Kugler es kurzerhand mit weißer Zitronenlimonade streckte und diese Notlösung dann mit Hinweis auf die höhere Sicherheit im Straßenverkehr vermarktete.

Münchens Brauereien in der Weimarer Republik

In der Nachkriegszeit des Ersten Weltkriegs fassten die Brauereien nur schwer wieder Tritt, die meisten kleinen Betriebe mussten aufgeben. Die anschließende Inflation und die weltweite Wirtschaftskrise verschärften die Situation weiter. Gegen diesen Trend konnten sich nur wenige Brauereien stemmen. Eine davon war die

Unionsbrauerei, Einsteinstraße
Fotografie, 1922.

Unionsbrauerei in der Einsteinstraße, die vor dem Krieg noch Äußere Wiener Straße hieß und ehemals Teil der mittelalterlichen Salzstraße war. Im Jahre 1885 erwarb Joseph Schülein, ein außerordentlich geschäftstüchtiger Unternehmer aus der jüdischen Gemeinde Thalmässings, den heruntergekommenen und in Konkurs geratenen, damals noch „Brauerei zur Schwaige" genannten Betrieb und baute ihn zu einem der erfolgreichsten seiner Zeit aus.

Nachdem die Unionsbrauerei die Münchner-Kindl-Brauerei übernommen hatte (siehe S. 108), fusionierte sie 1921 mit der wirtschaftlich ins Trudeln geratenen traditionsreichen Löwenbrauerei. Diese hatte vor dem Ersten Weltkrieg die Unternehmenspolitik zu stark auf den Export ausgerichtet, der durch den Wegfall der Absatzgebiete vor allem im Elsass und Lothringen sowie durch die ersatzlose Beschlagnahmung von Immobilien im Ausland einen gravierenden Einbruch erlitten hatte. Die Unionsbrauerei hingegen hatte es verstanden, sich als starke lokale Kraft zu positionieren, und war bei der Fusion der eigentlich stärkere Partner. Dennoch wurde der ältere Name Löwenbräu für den Gesamtbetrieb beibehalten. Joseph

Joseph Schülein (1854–1938)
Ölgemälde von Leo Samberger. Schülein gehörte seit 1916 auch das Gut und die Brauerei in Kaltenberg, wo er 1938 verstarb. Heute befindet sich diese Brauerei im Besitz von Prinz Luitpold von Bayern, einem Urenkel des letzten bayerischen Königs. Auf dem Gelände finden seit Jahren die beliebten Kaltenberger Ritterturniere statt.

Schülein war neben seiner charakteristischen Erscheinung (stets mit schwarzem Schlapphut) auch als Wohltäter Haidhausens bekannt, der unter anderem jährlich für 50 Haidhauser Kinder die Patenschaft übernahm, diese auskleidete und bewirtete. „Also, der Schülein [...] war der Direktor von der Unionsbrauerei und ist meistens so um zehn, halb elf Uhr rausgefahren mit der Trambahn nach Haidhausen. Er hat immer so einen großen schwarzen Hut aufgehabt wie früher die Maler. Einen Bart hat er gehabt und so eine Art Havelock hat er angehabt, einen weiten offenen Mantel, und darunter hat er an einem Riemen eine Geldkatze gehabt. Und der Schülein hat die Kinder so gern mögen. Die haben immer vor der Unionsbrauerei auf ihn gewartet, und dann ist das schon signalisiert worden wie bei den Indianern: ‚Der Schülein kommt! Der Schülein kommt!‘ In Nullkommanix waren alle Kinder da.“ So schildert eine Haidhauserin den Brauereibesitzer und Wohltäter Joseph Schülein. Großzügig spendierte der Kinderfreund jedem der hoffnungsvoll Wartenden fünf oder zehn Pfennige für Süßigkeiten. (www.berg-am-laim-kalender.de)

Schüleins Sohn Hermann wurde später Direktor der gesamten Löwenbrauerei. Diese Phase endete 1933, als die Nationalsozialisten durch den offenen Boykott des „Judenbiers“ die Entlassung Schüleins erzwangen und die Brauerei „arisierten“. Schülein konnte gerade noch rechtzeitig legal nach Amerika auswandern, wo er wiederum eine Brauerei (Liebmann-Rheingold-Brauerei) übernahm und dort zu noch größerer wirtschaftlicher Bedeutung als die Löwenbrauerei führte.

Während heute nichts mehr an die ehemalige Kellerstadt am Gasteig erinnert, kann ein früherer Lagerkeller noch bei der fortbestehenden Gaststätte Unionsbräu besichtigt werden. Im Hof hinter der Unions-Gaststätte steht noch das ehemalige Sudhaus mit einer Gedenktafel, und in ihrem Keller ist heute wieder eine kleine Schaubrauerei eingerichtet, deren naturtrübes Bier hier auch verkostet werden kann. Der Eingang des zur ehemaligen Großbrauerei gehörigen Lagerkellers liegt links neben dem Lokal und beherbergt heute unter anderem den bekannten Münchner Jazz-Club „Unterfahrt“.

Die Folgen der NS-Herrschaft

Durch die beschriebenen Umstände brauten zu Beginn der NS-Diktatur nur noch zehn Brauereien in München, nämlich Löwen-, Hacker-, Pschorr-, Paulaner-, Franziskaner-, Augustiner-, Wagner-, Schneider- und Hofbräu sowie die Brauereibetriebsgesellschaft. Die nun einsetzende Überregulierung der Wirtschaft durch das NS-Regime führte zu einer schweren Belastung für die verbliebenen Brauereien. So durften die kleineren Betriebe auf Grund staatlicher Verordnungen nicht über eine bestimmte Grenze hinaus wachsen und waren mit ihrem Absatz auf ein eng begrenztes Gebiet beschränkt.

„Der Münchner"
Karikatur von Karl Arnold aus der Zeitschrift „Simplicissimus" Jg. 28, Nr. 36, 1923, S. 441.

„Das Selbstverwaltungsorgan der regionalen Wirtschaft, die Industrie- und Handelskammer (IHK) am Maximiliansplatz, wurde unmittelbar nach der Machtübernahme gleichgeschaltet. Im März 1933 schloss sie ihre jüdischen Mitglieder aus. Der Hauptgeschäftsführer der Kammer war in Personalunion auch Gauwirtschaftsberater der NSDAP. Von 1938 an beteiligte sich die IHK an der ‚Arisierung' und wirkte an der Enteignung jüdischer Firmenbesitzer mit." (ThemenGeschichtsPfad „Der Nationalsozialismus in München") Wie am Beispiel der Löwenbrauerei beschrieben, wurden Vorstände von Brauereien „arisiert", wodurch diese oftmals ihre führenden Köpfe verloren. Für die Qualität des Bieres und die Entwicklung der Brauereien waren der fehlende Wettbewerb und das wirtschaftliche Zwangssystem der Nationalsozialisten eine Katastrophe.

Zu verschiedenen Lokalen von Brauereien hatte die NSDAP besondere Beziehungen. Die bierdunstige Atmosphäre der Schwemmen und Säle der brauereieigenen Bierpaläste, die damals die einzigen größe-

Mit NS-Fahnen dekorierter Festsaal im Bürgerbräu-Keller, Rosenheimer Straße
Fotografie, um 1935.

ren Versammlungsräume in München waren, erwies sich offenbar als ideal für die Propaganda der Nationalsozialisten, sodass es nicht wundert, wenn viele der damaligen unseligen Ereignisse mit ihnen verbunden waren.

Im Sterneckerbräu wurde am 5. Januar 1919 vom Eisenbahnarbeiter Anton Drexler die Vorgängerpartei der NSDAP, die „Deutsche Arbeiterpartei" DAP, gegründet. Zwischen 1933 und 1945 befand sich deshalb in deren Hinterraum das Parteimuseum der NSDAP. Die NSDAP selbst wurde am 24. Februar 1920 im Hofbräuhaus ausgerufen. Der Bürgerbräukeller war im Jahre 1885 als Großschankstätte der Aktienbrauerei Bürgerliches Bräuhaus am Gasteig errichtet worden. Diese AG beruhte auf der Braugerechtigkeit des Zengerbräu, wobei der Braubetrieb Mitte des 19. Jahrhunderts nach Haidhausen verlegt und nach der Fusion mit Löwenbräu 1931 wieder eingestellt worden war. Am 8. November 1923 nahm der sogenannte Hitlerputsch hier seinen Ausgang, weshalb Hitler ab 1933 dort regelmäßig zu dessen Jahrestag vor den Teilnehmern des (gescheiterten) Putschversuches eine Rede hielt. Dieses Lokal wählte Georg Elser 1939 als Ort für sein Attentat auf Hitler, welches jedoch bekanntlich scheiterte. Der Keller lag an der Rosenheimer Straße hinter dem heutigen Gasteig-Komplex und wurde 1979 abgerissen. An das Attentat von Georg Elser erinnert nur noch eine Gedenktafel.

Die Münchner Brauereien seit Kriegsende

Im Zweiten Weltkrieg wiederholte sich die Situation aus dem vorangegangenen Krieg in noch schlimmerem Ausmaß. Wieder wurden die Beschäftigten eingezogen und die Brauanlagen zum Teil demontiert, die Rohstoffe für die Bierherstellung wurden erneut immer knapper. Zudem waren die Brauereien am Ende des Kriegs gezielt bombardiert worden, da die betriebseigenen Labore und Kelleranlagen als Produktionsstätten für chemische Kampfstoffe verdächtigt worden waren. Bei Kriegsende lagen die Braustätten daher zum Großteil in Schutt und Asche.

Auch die Nachkriegszeit war daher wieder gekennzeichnet von Brauereiensterben und amtlich verordnetem Dünnbier, das 1947 nur noch einen Stammwürzegehalt von 0,6 Prozent aufwies. Erst im Sommer des Jahres 1949 wurden die Münchner wieder mit einem normalen Bier von den wenigen verbliebenen Brauereien versorgt. Die Löwenbrauerei beispielsweise erreichte erst zu Beginn der 1970er Jahre wieder die Produktionsmenge wie vor Beginn des Ersten Weltkriegs.

In der Folge setzte sich erneut der Trend zur Konzentration der langsam wieder erstarkten Brauereien sowie zur Verlagerung der Betriebsstätten weiter fort. So verschmolzen zunächst Hacker und Pschorr 1972 zur Hacker-Pschorr-

Zerstörtes Hauptbürogebäude der Löwenbrauerei, Nymphenburger Straße Fotografie, 1944. Der stolze Löwe stand ursprünglich links von der Einfahrt auf einem ca. sechs Meter hohen Podest. In der Besatzungszeit nach dem Zweiten Weltkrieg wurde der Löwe in die Mitte der Einfahrt versetzt, um die Zu- und Ausfahrt zu trennen. Das Schild mit der trotzigen Botschaft „Aber Brauen kann ich doch!“ wurde dabei gegen die Aufforderung „Drive slow“ ausgetauscht.

Pschorrbrauerei, Bayerstraße

Werbeplakat von Eckert & Pflug, 1900. Im Vordergrund ist der Anstieg der Bayerstraße nach links zu erkennen, die Einfahrt am linken Bildrand markiert die Grenze zur unmittelbar benachbarten Hackerbrauerei. Die Querstraße vorne rechts ist die Zollstraße. Aus Werbegründen wurde, bei Blickrichtung nach Norden allerdings völlig falsch, im Hintergrund das Alpenpanorama mit Zugspitze sowie Frauentürmen abgebildet. Im unteren Teil des Bildes ist die Ansicht der Brauerei von der Rückseite mit ihrem direkten Anschluss an die Bahngleise dargestellt. Das Gebäude mit dem Schriftzug „Pschorr-Bräu" im linken Teil zeigt dabei den ehemaligen Hirschbräu-Keller.

Bräu AG, deren Kapitalmehrheit sieben Jahre später von dem Münchner Unternehmer Jörg Schörghuber übernommen wurde. Im gleichen Jahre hatte dieser auch die Mehrheit der „Paulaner-Salvator-Thomasbräu AG" erworben. Die ehemalige Großbrauerei an der Hackerbrücke wurde aufgegeben und ist jetzt Sitz des Europäischen Patentamtes, der Braubetrieb beider Brauereien wurde ganz auf das Paulaner-Gelände nahe dem ehemaligen Kloster Neudeck in der Au verlegt. 2001 ging der Heineken-Konzern ein Joint Venture mit der Schörghubergruppe ein, zu der unter anderem auch die Kulmbacher Brauereigruppe sowie die Thurn-und-Taxis-Brauerei gehören.

In ähnlicher Weise entwickelte sich der Zusammenschluss von Löwenbräu mit Spaten-Franziskaner-Leistbräu, die bereits 1922 einen Vertrag über eine Interessensgemeinschaft geschlossen hatten. Im Jahre 1997 erfolgte dann die Vereinigung zur Spaten-Löwenbräu-Gruppe, der die direkte Nachbarschaft der beiden Brauereien mit der Möglichkeit, Fabrikation und Vertrieb zusammenzulegen, besonders zu Gute kam. Die Gruppe wurde schließlich 2003 an den belgischen Interbrew-Konzern verkauft, der sich wiederum ein Jahr später mit der brasilianischen AmBev zur InBev-Gruppe zusammenschloss (heute Weltmarktführer), zu der auch Beck's gehört.

In einem dadurch nicht mehr benötigten Keller der Spatenbrauerei an der Marsstraße wurde 2006 ein Besuchermuseum eingerichtet. Im Jahr 2007 wurden die Gebäude der Flaschenabfüllerei der Löwenbrauerei am Stiglmaierplatz abgerissen, nachdem die Abfüllerei schon zuvor auf das Gelände der Spatenbrauerei verlagert worden war. Der Bau einer neuen, großzügig angelegten gemeinsamen Brauerei im äußersten Südwesten Münchens ist derzeit geplant, wobei aber auch hier peinlich darauf geachtet wird, das Stadtgebiet nicht zu verlassen, um die Konzession für das Oktoberfest nicht zu verlieren.

Das staatliche Hofbräu verlegte seine Brauerei vom heutigen Hofbräugarten in Haidhausen 1988 wie beschrieben ebenfalls an den äußersten Stadtrand nach Riem. Die einzige noch in privater Hand befindliche Münchner Brauerei, Augustiner, befindet sich hingegen immer noch auf ihrem Betriebsgelände an der Landsberger Straße.

II Wissenswertes rund ums Brauen

Der Brauvorgang

Vorhergehende Seite: Flaschenabfüllerei der Pschorrbrauerei

Fotografie, um 1905.

Das Malz

Im Reinheitsgebot sind die drei für das Brauen von Bier erlaubten Grundzutaten Hopfen, Gerste und Wasser festgeschrieben. Die Gerste kann jedoch im Rohzustand nicht zum Brauen verwendet werden. Vor dem eigentlichen Brauvorgang wird daher in der Mälzerei aus Getreide Malz hergestellt: Das Braugetreide wird in Wasser eingeweicht und keimt daraufhin. Beim anschließenden Trocknen (Darren) wird durch Hitzezufuhr der Keimprozess des „Grünmalzes" gestoppt.

Der Hitzegrad beim Röstvorgang bestimmt das charakteristische Aroma des Malzkorns und auch seine Farbe, und damit wiederum auch die Farbe des Bieres, sodass man zusammenfassend sagen kann: je heißer, desto dunkler. Für das Bam-

Weichen in der Augustinerbrauerei

Fotografie von 1894. Durch die Rohre aus der Decke gelangte die Gerste in die metallenen Weichen, wo sie in Wasser eingeweicht wurde. Die Handräder dienten zum Ablassen des Wassers bzw. der eingeweichten Gerste am Ende des Weichvorgangs.

berger Schlenkala zum Beispiel wird das Malz geräuchert und sorgt somit für das unverwechselbare Aroma dieses Rauchbiers.

Das durch das Rösten entstandene Malz wird im Malzsilo zwischengelagert, bei den Großbrauereien in Form der hohen Silotürme weithin erkennbar.

Die Maische

Vor der Weiterverarbeitung wird das Malz zu Malzschrot gemahlen, wobei darauf geachtet werden muss, dass die Spelzen (Schalen der Getreidekörner) erhalten bleiben, denn sie dienen später als Filterschicht während des Läutervorgangs.

Das Malzschrot wird im Maischbottich mit Brauwasser zur Maische vermischt. Für das Brauen ist eine einwandfreie und gleichbleibende Qualität des Wassers besonders wichtig. Es muss geschmacklich neutral, geruchlos und frei von Mikroorganismen sein. Der Gehalt an Salzen, vor allem an Calcium- und Magnesiumsalzen, sowie der Kalkgehalt, der die Wasserhärte bestimmt, ist mitverantwortlich für den Geschmack des Bieres. In München wurde wegen des stark kalkhaltigen Wassers Braunbier mit hohem Malz- und niedrigem Hopfenanteil gebraut, da ein höherer Hopfenanteil in Verbindung mit der vorhandenen Wasserqualität zu einem rauen, fast beißenden Geschmack des Bieres führen würde. Das Brauwasser wird

Abbildung S. 135: Malztennen in der Augustinerbrauerei, Landsberger Straße

Fotografie von 1894. Die Tennen befanden sich im Keller der Brauerei. Auf Solnhofer Kalkplatten wurden mittels Besen und „Gamsschaufel" (rechts oben erkennbar) Grünmalzbeete zum Keimen aufgeschüttet. Auf der „Schwelke" wurde die gekeimte Gerste dann dünn ausgebreitet und täglich mehrmals gewendet, d.h. welk gemacht.

Linke Seite: Darre der Augustinerbrauerei

Fotografie von 1894. Die Darren der Brauereien waren an den unverwechselbaren Schlotabdeckungen, den sog. „Darrhüten" von Weitem zu erkennen. In dem Gebäude waren vier Zweihorden-Darren untergebracht: Im Keller befand sich die Feuerung, oberhalb davon die „Sau", in der sich die heiße Luft vermischte. Darüber lagen die beiden Horden. Das Grünmalz wurde von der Schwelke auf die obere Horde eingebracht, wo es bei noch relativ niedriger Temperatur trocknete (beim Münchner Malz ca. 15 Std.). Danach wurde es durch eine Kippvorrichtung im Boden auf die untere Horde abgelassen, wo es bei ca. 100°C gedarrt (geröstet) wurde.

Schrotmühle in der Augustinerbrauerei, Landsberger Straße

Fotografie von 1894. Das gedarrte Malz wurde in hohen Silotürmen zwischengelagert und später poliert. Die Malzmühlen waren meist im Dachgeschoss des Sudhauses untergebracht. Einen Stock tiefer lag der Schrotboden mit Gleisanlagen, auf denen fahrbare Schrotkästen das geschrotete Malz aufnahmen und über die im Erdgeschoss stehenden Maischbottiche schoben.

Sudhaus in der Augustinerbrauerei, Landsberger Straße

Fotografie von 1894. Im Hintergrund sowie auf der Balustrade am rechten Bildrand sind die ungedeckten, höher gelegenen Sud- und Maischpfannen abgebildet. Mechanische Rührwerke vermischten im (nicht abgebildeten) Maischbottich Schrot und Wasser und ersetzten die Maischscheiter, die über Jahrhunderte das Wahrzeichen des Brauhandwerks gewesen waren. Im Vordergrund rechts sieht man einen tiefer gestellten hölzernen Läuterbottich. Die links angebrachte Batterie aus Hähnen stellt den Läutergrant dar. Mit ihm wurde der Abfluss der Würze aus dem Bottich reguliert, um eine optimale Filtration zu erreichen.

Sudpfanne in der Schneiderbrauerei, Maderbräugasse

Fotografie, um 1900. Um die Jahrhundertwende setzte sich das Abdecken der Sud- oder Würzpfannen mit kupfernen Hauben durch. In neuerer Zeit bürgerte sich die Sitte ein, das Sudhaus mit den kupfernen Sudpfannen als das Herzstück der Brauerei wie in riesigen Schaufenstern dem Publikum zu präsentieren.

Rechte Seite unten und oben: Kühlschiffe in der Augustinerbrauerei, Landsberger Straße

Fotografien von 1894. Die heiße Würze wurde in diese großen flachen Wannen gefüllt, wobei die Würze von „Aufkühlern" mittels der Kühlkrücke (eine ca. fünf Meter lange Stange mit einem Holzkreuz am Ende) in ständiger Bewegung gehalten werden musste. Dabei setzte sich der Trub ab, was für den Geschmack des Bieres maßgeblich war.

heute auf dem Gelände der Brauereien mit Tiefbrunnen aus zum Teil über 250 Metern Tiefe gefördert, eine Grundwasserschicht, die ausschließlich für die Münchner Brauereien reserviert ist.

Die Maischpfanne

Die Maische wird in der Maischpfanne langsam erhitzt, um bei Temperaturen von ca. 45–70°C die wertvollen Inhaltsstoffe des Malzes wie Eiweiß, Stärke, Mineralien und Vitamine in der Maische zu lösen. Dabei wandeln die bereits beim Keimprozess gebildeten Enzyme die Stärke in vergärbaren Zucker, die Maltose, um. Prinzipiell unterscheidet man beim Maischen zwischen dem Infusionsverfahren, das heißt der gesamte Inhalt des Maischbottichs wird in der Pfanne erhitzt (ohne zu kochen), und dem Dekoktionsverfahren. Bei diesem werden aus dem Bottich Teilmaischen in die Pfanne gezogen und gekocht. Anschließend wird die kochende Maische in den kalten Bottich zurückgepumpt, bis dort langsam die Abmaischtemperatur von 72–75°C erreicht ist. Letzteres Verfahren gilt als das ursprüngliche, denn als man die Pfannen im Sudhaus noch direkt befeuerte, war ein genaues Einstellen der Temperatur nicht möglich. Die Andechser Klosterbrauerei praktiziert dies als Dreimaischverfahren, wobei der Vorgang drei Mal wiederholt wird und so besonders viel vollmundiges Malzaroma in die Biere gebracht wird.

Am Ende des Maischens führt der Brauer die sogenannte Jodprobe durch. Er entnimmt der heißen Maische dazu einige Tropfen, um sie mit Jod zu versetzen. Verfärbt sich die Jodprobe dunkelblau, so enthält die Maische noch Stärke, d.h. den Enzymen muss noch mehr Zeit gegeben werden, diese in Malzzucker umzuwandeln. Erst wenn die Jodprobe gelb bleibt und anzeigt, dass in der Maische so gut wie keine Stärke mehr enthalten ist, kann der nächste Vorgang eingeleitet werden: das Läutern.

Das Läutern

Dazu gelangt die Maische aus dem Maisch- in den Läuterbottich und wird dort filtriert, d.h. die festen und flüssigen Bestandteile der Maische werden voneinander getrennt. Dabei kann man die spezielle, selbstfiltrierende Eigenschaft der Maische nutzen. Am Boden des Läuterbottichs bildet sich durch die nach unten sinkenden Malzreste, das sind in erster Linie die Spelzen der Getreidekörner, eine Art Malzkuchen, der sogenannte Treber. Der langsam durch diesen Filter fließende Sud wird so

von den darin enthaltenen Schwebstoffen befreit und die gewonnene klare Flüssigkeit ist die Würze. Zum vollständigen Herauslösen der Extraktstoffe wird der Treber mehrmals mit heißem Wasser übergossen, bis der gesamte Malzzucker aus den Trebern ausgewaschen ist; das nennt man „Anschwänzen". Durch das Anschwänzen verdünnt sich die Würze in der Pfanne von ursprünglich fast 15–18 Prozent Zuckergehalt auf knapp 10 Prozent.

Die Würze

Nun wird die Würze in der Würzpfanne etwa 75 Minuten lang gekocht, wobei früher die Kochtemperatur unter anderem durch das Einlegen von heißen Steinen (sogenanntes Steinbier) erreicht wurde. Bei diesem Kochvorgang wird nun auch der Hopfen zugegeben. Die ausschließlich verwendeten weiblichen Ähren (Zapfen) des Hopfens enthalten Bitterstoffe, die dem Bier die angenehme Bitterkeit verleihen. Die antiseptische Wirkung des Hopfens macht das Bier haltbarer, außerdem sorgt der Hopfen für die Standfestigkeit des Bierschaums. Durch das Kochen entstehen Temperaturen von über 80°C, wodurch die ursprünglich im Sud enthaltenen Malzenzyme zerstört werden. Sie gerinnen und setzen sich als sogenannter Heißtrub an der Oberfläche der kochenden Würze ab. Beim Kochen der Würze wird außerdem die für jedes Bier typische Stammwürze bestimmt, indem man Wasser verdampfen lässt. Der Stammwürzgehalt wird am Ende des Kochvorganges mittels einer Bierspindel bestimmt (die Bierspindel, auch Saccharometer genannt, ist eine Senkspindel, d.h. ein Aräometer zur Bestimmung der Dichte, also der Masse pro Volumeneinheit, des Bieres). Als Stammwürze bezeichnet man die Menge an Malzzucker, Eiweißen, Vitaminen und Aromastoffen in der unvergorenen Würze, die mit Hilfe von Wasser aus dem Malz gelöst worden sind, also die Feststoff-Konzentration. Bei der Gärung bilden sich aus der Stammwürze zu jeweils einem Drittel Alkohol, Kohlensäure und Restextrakt.

Das Maischen und Würzen findet übrigens im Herzstück einer jeden Brauerei, dem Sudhaus statt. Dort befinden sich die Kessel, die zur „eigentlichen" Bierherstellung notwendig sind: Maischbottich, Maischpfanne, Läuterbottich und Sudpfanne, auch Würzpfanne genannt. Noch kann man z.B. an der Nymphenburger Straße die schönen kupfernen Kessel der Löwenbrauerei bewundern, die hinter hohen, großen

Gärkeller in der Augustinerbrauerei, Landsberger Straße

Fotografie, 1894. Die Hefe wurde in die kalte Würze gegeben und diese aufgezogen, d.h. durch Rühren mittels „Stanglschaffl" belüftet. Die Bottiche waren leicht schräg gestellt, um ein Ablaufen der „Kräusen" zu ermöglichen. Über mit Eiswasser gefüllte Kühlschlangen, die in die Bottiche gehängt wurden, erfolgte eine zusätzliche Kühlung. Bei der Inspektion des Gärvorgangs hielt der Gärführer stets eine brennende Kerze in der Hand (Gefahr der Kohlenmonoxidvergiftung).

Lagerkeller in der Augustinerbrauerei, Landsberger Straße

Fotografie, 1894. Das Jungbier aus den Gärbottichen wurde durch den Braumeister geprüft und anschließend von den „Einlassern" mit 3 bis 4 anderen Suden verschnitten und in die Lagerfässer gefüllt. Häufig wurde das Bier zum Nachgären in andere Lagerkeller transportiert.

Fenstern stets blank geputzt zur Schau gestellt werden (wenngleich diese heute alle einen inneren Tank aus Edelstahl wegen der besseren Hygiene enthalten).

Die Kühlung

Nach dem Erhitzen wurden früher im Kühlschiff, heute im Whirlpool, trübende Stoffe ausgeschieden. Bei Letzterem wird die Würze durch tangentiales Einleiten in Rotation versetzt und der Trub setzt sich aufgrund der Zentripetalkraft wie ein Kegel in der Mitte des Gefäßes ab. Nun kann seitlich die klare Würze abgezogen werden. Die bei diesem Vorgang erhaltene Flüssigkeit wird Ausschlagwürze genannt.

Flaschenabfüllerei der Löwenbrauerei, Dachauer Straße

Fotografie von 1902. In den hölzernen „Brenten" (rechts unten) weichten die Leerflaschen ein und wurden anschließend von den Frauen mit Bürstmaschinen gereinigt. Die beiden sitzenden Männer links füllten das Bier aus den „Banzen" ab, anschließend wurden die Flaschen plombiert (Bildmitte).

Anschließend wird die Würze im Würzekühler gekühlt, um die richtige Temperatur für die Gärung zu bekommen. In der Schaubrauerei des Unionsbräu zum Beispiel wird mit einem hundert Jahre alten Rieselkühler gekühlt, bei dem die heiße Würze an gekühlten Rohren vorbei fließt und sich dabei optimal mit Sauerstoff vermischen kann, was für die anschließende Gärung von Vorteil ist.

Die Gärung

Die abgekühlte Würze wird danach mit Hefe versetzt (ca. ein Kilogramm Hefe auf 100 Liter Flüssigkeit), die die Gärung auslöst und dabei Malzzucker in Alkohol und Kohlensäure umwandelt. Daneben bildet die Hefe auch sortentypische Aromastoffe. Kohlensäure ist geschmack- und geruchlos, Alkohol ebenso, verstärkt jedoch die Vollmundigkeit. Diese Hauptgärung findet im Gärkeller bei Temperaturen zwischen 4°C und maximal 10°C statt und dauert bei untergärigen Bieren etwa sechs bis neun Tage, bei obergärigen Bieren zwei bis fünf Tage. Bei obergärigen Bieren verbinden sich die Hefen nach dem Gärvorgang mit der Kohlensäure und schwimmen oben im Gärbottich. Hier läuft der Gärprozess bei 15–20°C ab. Bei untergärigen Bieren hingegen sinken die Hefen auf den Boden des Bottichs ab.

Unten: Fassbierwagen der Spatenbrauerei

Fotografie, um 1920. Damals war bereits die frühere Vorschrift, Fässer nur in maximal drei Reihen aufzuladen, aufgehoben worden.

Nach der Hauptgärung findet die Nachgärung, die Reifung des Jungbieres in großen Lagertanks im Lagerkeller statt. Die Lagertanks stehen in der Regel unter Druck, sodass das bei der Nachgärung entstehende Kohlenstoffdioxid nicht mehr entweicht, sondern als Kohlensäure im Bier gebunden wird. Die Nachgärung kann je nach Biersorte zwei Wochen bis drei Monate dauern. Durch die Lagerung erhält das Bier seine Reife und den endgültigen Geschmack. Außerdem setzen sich bei der Lagerung letzte Trübbestandteile ab, sodass die anschließende Filtration leichter vonstatten geht.

Linke Seite: Berieselungskühler in der Löwenbrauerei, Nymphenburger Straße

Fotografie um 1925. Ein technischer Fortschritt bei der Kühlung war die Entwicklung dieser Kühlapparate, bei denen die Würze in eine Verteilungsrinne am oberen Ende einfloss. Durch kleine Öffnungen auf der Unterseite berieselte die Würze gleichmäßig die mit kaltem Brunnenwasser (oder Sole) gefüllten parallelen Kühlrohre. An der Unterseite wurde die Würze in einer Schale gesammelt und zu den Gärbottichen weitergeleitet.

Die Filterung

Vor der Abfüllung in Flaschen oder Fässer durchlaufen die Biere noch moderne Bierfilteranlagen (z.B. Kieselgurfilter). Das Bier wird klar filtriert, d.h. es werden letzte Schwebstoffe entfernt. Bei naturtrüben Bieren entfällt dieser Schritt, auch bei obergärigen Weißbieren ist die natürlich Trübung oft erwünscht.

Fuhrpark der Augustinerbrauerei

Fotografie, 1894. Die Fassbierwagen verfügten über keinen eigenen Kutschbock, die Fahrer saßen auf einem senkrecht gestellten Fass (siehe Bildmitte).

Biersorten

Da es eine unüberschaubare Vielzahl an regionalen Bieren gibt, kann die folgende Aufstellung niemals einen Anspruch auf Vollständigkeit erheben, sie soll aber einen Überblick über die meistgebrauten Biersorten liefern.
Anhand des Stammwürzgehaltes kann man die einzelnen Biere in verschiedene Gattungen einteilen:

Einfachbier:	< 7%	Stammwürze
Schankbier:	7–11%	Stammwürze
Vollbier:	11–16%	Stammwürze
Stark-/Bockbier:	> 16%	Stammwürze
Doppelbockbier:	> 18%	Stammwürze

Dunkles Bier [Synonym: Braunbier]

Hierbei handelt es sich um das traditionelle, in Bayern bis ins 19. Jahrhundert vorwiegend getrunkene Bier. Die Farbe resultiert aus dem stärker gedarrten Gerstenmalz, die Brauart ist untergärig. Heute muss ein sogenanntes Münchner Dunkles mindestens 50 Prozent dunkles Malz enthalten.

Helles Bier [Synonym: Lagerbier]

Erst im 19. Jahrhundert aufgekommen, revolutionierte das „Helle" den Biergeschmack und wurde in München zu „dem" Bier. Heute noch erhält man im Normalfall auf die Bestellung „ein Bier" ein Helles. Von seiner Art her ist es ein untergärig gebrautes Vollbier. War es für den Export bestimmt, wurde es mit höherem Hopfen- und Stammwürzeanteil gebraut (daher auch der Name Exportbier, wobei die Begriffe heute meist synonym verwendet werden).

Märzen [Synonym: Sommerbier]

Wie in Kapitel I beschrieben handelte es sich bei diesem Biertyp um das im März untergärig gesottene Bier, das für die Sommerperiode (Brauverbot) mit höherem Hopfen- und Stammwürzegehalt gebraut wurde, damit es länger haltbar war. Ursprünglich war es auch „das" Oktoberfestbier, während dieses heute eher einem Exportbier entspricht.

Weißbier

Auf die Geschichte des Weißbiers wurde im entsprechenden Kapitel bereits eingegangen. War es im 19. Jahrhundert beinahe ausgestorben, stellt es heute das einzige (traditionelle) Bier mit Zuwachsraten dar. Obergärig gebraut, unterscheidet man das weiter verbreitete Hefeweizen vom Kristallweizen, bei dem vor der Flaschenabfüllung die Hefe herausgefiltert wird. Beim Weißbier muss der Malzanteil aus Weizen mindestens 50 Prozent betragen (meist werden 60 Prozent verwendet, der Rest besteht aus Gerstenmalz). Mittlerweile gibt es auch ein Weißbier mit stärker gedörrtem Malz, das „dunkle" Weißbier.

Bockbier

Auch hier wurde die Entwicklung dieses Bieres bereits im historischen Teil erläutert. Bockbiere sind Starkbiere mit über sechzehn Prozent Stammwürze, die als Saisonbiere nur im Frühjahr ausgeschenkt werden. In jüngerer Zeit wurde auch Weißbier als Bockbier produziert (z.B. Aventinus der Schneider Brauerei).

Starkbier [Synonym: Doppelbock]

Dabei handelt es sich um Biere mit einem noch höheren Stammwürze- und Alkoholgehalt als Bockbiere. Das bekannteste ist sicherlich der „Salvator" der Paulanerbrauerei, bei dessen Anstich im April regelmäßig die Politiker „derbleckt" werden. Aber nahezu jede größere Brauerei produziert ein untergäriges Starkbier mit der Endsilbe „-ator".

Pils(ener)

Neben Bayern gilt Tschechien innerhalb Europas als „das" Bierland. Im 18. Jahrhundert jedoch war die Qualität des böhmischen Bieres zumindest in Pilsen außerordentlich schlecht. Daher wurde ein bayerischer Braumeister (Josef Groll aus Vilshofen) angeworben, der 1842 das untergärige Brauen in Pilsen einführte. Für die Herstellung des hellen Bieres ist ein weiches Brauwasser unabdingbar. Nachdem dieses durch technischen Fortschritt auch in München relativ einfach herzustellen war, wurde das „neue Pilsener" Ende des 19. Jahrhunderts gegen erheblichen Widerstand von Wirten und Brauereien von der Thomas- und parallel der Spatenbrauerei nach München reimportiert und löste als „Helles" bald das traditionelle „Dunkle" ab.

Russnmass

Zur Geschichte dieses Mixgetränks siehe S. 123. Entstanden in den Nachkriegswirren 1919 besteht es aus einem fünfzigprozentigen Mix aus Weißbier und Zitronenlimonade.

Radlermass

Entgegen der landläufigen Meinung ist dieses Bier deutlich jüngeren Datums als ihre „Schwester" Russnmass. Der Legende nach hat der Wirt Franz Xaver Kugler 1922 in seiner Waldwirtschaft bei Deisenhofen aus der Not heraus die vorhandenen (Dunkel-) Biervorräte mit Zitronenlimonade gestreckt, nachdem ungewöhnlich viele Gäste in die Kugleralm gekommen waren. Da diese ein beliebtes Ausflugsziel mit dem Fahrrad war, bürgerte sich der Name „Radlermass" ein (heute immer mit 50 Prozent hellem Bier angesetzt).

Alt

Der Name bezieht sich auf die „althergebrachte" Brauweise. Es handelt sich um ein dunkles, obergäriges Bier aus dem Düsseldorfer Raum, wobei aber der Name nicht markengeschützt ist. Bekanntester Vertreter dürfte das „Diebels" sein.

Berliner Weiße

Ein obergärig gebrautes, aber besonders lange gelagertes Bier mit Zusatz von Milchsäurebakterien während der Gärung, was dem Bier einen säuerlichen Geschmack verleiht. Vielleicht wird sie deshalb vorwiegend mit „Schuss" genossen (Zusatz von Himbeer- oder Waldmeistersirup).

Kölsch

Dieses klare (gefilterte), helle und obergärige Bier darf von Seiten der Kölsch-Konvention aus nur in einem begrenzten Umfeld der Stadt Köln so genannt werden und wird in 0,2 Liter großen „Stangen" im Lokal serviert. Köln ist innerhalb Deutschlands die Stadt mit den meisten (16) Brauereien.

Schwarzbier

Bier, das durch die Verwendung eines besonders dunkel gedarrten Malzes auf untergärige Brauweise entsteht. Hierunter fallen heute zum Beispiel das Köstritzer Bier oder die „Braunschweiger Mumme".

Rauchbier

Dabei wird das Malz über einem Holzfeuer gedarrt, was auch dem Bier einen rauchigen Geschmack verleiht. Bekannt für diese regionale Besonderheit ist das Bamberger „Schlenkerla".

Dinkelbier/Roggenbier

Hier wird anstelle des üblichen Gerstenmalzes Dinkel- oder Roggenmalz verwendet, die Brauart ist obergärig. Durch das Reinheitsgebot war die Verwendung dieser Getreidesorten verboten, in jüngerer Zeit wird es z.B. von der Brauerei Thurn und Taxis als „Schierlinger Roggen" wieder angeboten.

Steinbier

Die Maische wird bei diesem Bier durch erhitzte Natursteine erwärmt, wobei der Malzzucker zum Teil auf der Steinoberfläche karamellisiert und dem Bier hierdurch einen rauchigen Geschmack verleiht.

Kellerbier/Zwickelbier

Hierbei handelt es sich um junge, ungefilterte und naturtrübe Biere. Sie werden nur sehr kurz gelagert und direkt danach in den Gaststätten angeboten. Es handelt sich um ungespundete, das heißt mit wenig Kohlensäure versetzte Biere, die dadurch auch nur eine kurze Haltbarkeit aufweisen.

Biermix-Getränke

In den letzten Jahren boomt das Geschäft mit neuen Varianten von Mixgetränken mit Bieranteil, wobei offenbar der Phantasie bzgl. der verwendeten Säfte keine Grenzen gesetzt sind (von Cola über Grapefruit bis Dragonfruit ist alles möglich).

Zeittafel

In der folgenden Aufstellung wurden die über München herrschenden Herzöge, Kurfürsten und Könige von der Stadtgründung bis zum Ersten Weltkrieg aufgeführt. Der besseren Übersichtlichkeit halber wurde bei mehreren gleichzeitig herrschenden Regenten nur derjenige aufgeführt, der sich langfristig durchsetzte und die Linie fortsetzte. Nahezu alle aufgeführten Herrscher finden sich übrigens auch am Marienplatz als Skulpturen an der Fassade des Neuen Rathauses, wo sie in weitgehend chronologischer Reihenfolge von links nach rechts angebracht sind. Die bayerischen Könige von Maximilian I. bis Ludwig II. sind dabei am Turm besonders hervorgehoben, und der zur Zeit des Rathausbaus amtierende Prinzregent Luitpold ist als Reiterstandbild in der Mitte zwischen dem älteren rechten und dem später errichteten linken Teil des Rathauses verewigt.

Herrscher	Zeit	Biertafel
Heinrich der Löwe	1156–1180	Hausbrauen
Otto I.	1180–1183	
Ludwig I., der Kelheimer	1183–1231	
Otto II., der Erlauchte	1231–1253	
Ludwig II., der Strenge	1253–1294	Patrizierbrauen
Ludwig IV., der Bayer	1294–1347	
Ludwig V., der Brandenburger	1347–1361	
Meinhard	1361–1363	
Stephan II., mit der Hafte	1363–1375	Brauverfassung 1372
Johann II.	1375–1397	
Ernst	1397–1438	
Albrecht III., der Fromme	1438–1460	
Johann IV.	1460–1463	
Sigmund	1463–1465	
Albrecht IV., der Weise	1465–1508	Reinheitsgebot 1487
Wilhelm IV.	1508–1550	Reinheitsgebot 1516
Albrecht V., der Großmütige	1550–1579	
Wilhelm V., der Fromme	1579–1598	Hofbräu 1589
Maximilian I.	1598–1651	Hofbräuhaus 1607
Ferdinand Maria	1651–1679	
Maximilian II. Emanuel	1679–1726	
Karl Albrecht	1726–1745	
Maximilian III. Joseph	1745–1777	Festlegung der Brauereinamen
Karl Theodor	1777–1799	Salvatorprobe
Maximilian IV. Joseph	1799–1825	Biersatzregulativ 1811
Ludwig I.	1825–1848	Bierkrawall 1844
Maximilian II.	1848–1864	Bierkrawall 1848
Ludwig II.	1864–1886	Weißes Bräuhaus
Luitpold	1886–1912	
Ludwig III.	1912–1918	Russnmass

Brauereiverzeichnis

Im Folgenden werden in chronologischer Reihenfolge ihres Entstehens (hier wird im weiteren H. Stahleder und W. Behringer gefolgt) neben den Spital- und Klosterbrauereien, die bis ins 19. Jahrhundert betrieben wurden, und den herzoglichen Brauhäusern diejenigen 54 bürgerlichen Münchner Brauereien aufgeführt, die im 17. Jahrhundert bereits bestanden und 1640 in der Brau-Matrikel fixiert wurden. Bis zum Jahr 1800 kam es zu keinerlei Neugründungen und nur zu wenigen Abgängen. Sofern die Betriebe ihren Namen später änderten, wird dies gesondert angegeben. Da das System der Hausnummern in den 1990er Jahren geändert wurde, wird in Klammern die heutige gültige Nummer ergänzt (wobei zum Teil wegen der Zerstörungen des Zweiten Weltkriegs nur ungefähre Ortsangaben möglich sind). Ältere Brauereien, die bereits vor dem 17. Jahrhundert wieder verschwunden waren, sind hier nicht erwähnt. Von den Klosterbrauereien wurden nach der Säkularisation nur die Augustiner-, Angerkloster- und Paulanerbraugerechtigkeit weiterbenutzt.

Danach schließt sich die Auflistung der über 50 Neugründungen des späten 19. Jahrhunderts an. Für diese erneute „Welle“ an Brauerei-Gründungen ergibt sich folgendes Bild: lediglich 17 der althergebrachten Brauereien (diese sind mit * markiert) waren bei Gründung des Deutschen Kaiserreiches 1871 noch in Betrieb, wobei jeweils zwei Brauereien bereits fusioniert hatten (Franziskaner-Leist- bzw. Eberl-Faber-Brauerei) und eine weitere (Hirschbräu) im gleichen Sudjahr den Braubetrieb einstellte. Einige dieser Brauereien wurden später unter anderem Namen weitergeführt, zum Teil wurden alte Braugerechtigkeiten wieder „reaktiviert“.

Mit Beginn der Gewerbefreiheit 1868 kam es zu einer Vielzahl von Neugründungen, sodass in den 1880er Jahren über 40 Brauereien existierten. Durch die zunehmende Konkurrenz gingen die meisten Kleinbrauereien jedoch gleich wieder zu Grunde, sodass die Zahl der Brauereien gegen 1908 bereits wieder auf die Hälfte abgenommen hatte. Der Erste Weltkrieg und seine Auswirkungen zwangen dann auch mittelgroße Betriebe zur Aufgabe.

Aufgeführt sind hier alle Münchner Brauereien sowie Betriebe in den Vororten, die entweder von Münchner Brauereien übernommen wurden oder die zum Zeitpunkt der Eingemeindung der Vororte noch brauten und damit selbst zu Münchner Brauereien wurden.

Brauereien des 17. Jahrhunderts

01. Heiliggeistspital

Ort: Roßschwemme/Viktualienmarkt
Gründungsjahr: 1286

Das älteste dokumentierte Braurecht für einen geistlichen Komplex wurde dem Spital 1286 von Herzog Ludwig II., dem Strengen, verliehen. Das Heiliggeistspital war etwa 80 Jahre zuvor zur Versorgung der Kranken und Bedürftigen vor den Mauern der Stadt errichtet worden und wurde erst im Zuge der Stadterweiterung im Spätmittelalter „eingemeindet". Das spitaleigene Bräuhaus versorgte im Laufe der Zeit nicht nur die Spitalbewohner und -mitarbeiter, sondern erfreute sich auch bei den Münchnern großer Beliebtheit. Nach der Säkularisation wurde an Stelle des Spitals der heutige Viktualienmarkt eingerichtet, das Bräuhaus wurde 1828 abgerissen.

Brauerei des Heiliggeistspitals
Ausschnitt aus einem Gemälde von Domenico Quaglio, 1824. Das hohe Gebäude links am Bildrand ist die spitaleigene Brauerei.

02. Kloster St. Jakob

Ort: Unterer Anger 2/Jakobsplatz
Gründungsjahr: 1306

Es handelte sich dabei um das älteste Kloster Münchens, das zunächst von den Franziskanermönchen bewohnt wurde. Nach deren Umzug in einen Neubau am heutigen Max-Joseph-Platz bezog 1284 der weibliche Zweig des Ordens, die Klarissinnen, das Gebäude. Das Braurecht wurde dem Kloster im Jahre 1306 von Herzog Ludwig dem Strengen verliehen, und zwar sowohl für die „Notdurft“ (= Eigenbedarf) als auch zum Verkauf (der allerdings stets nur von geringem Umfang war). Dieser durfte sogar dann stattfinden, wenn auf Grund von Getreidemangel den bürgerlichen Brauern das Brauen verboten war. Der Braubetrieb wurde zumindest in späteren Jahren von angestellten Bräumeistern betrieben. 1803 wurde die Braugerechtigkeit im Rahmen der Säkularisation zuerst an den letzten Bräumeister verpachtet, nach Abbruch der Brauerei dann mehrfach spekulativ veräußert. Erst 1851 erwarb sie der Zengerbräu Xaver Hierl und begründetet mit ihr den späteren Bürgerbräu an der Kellerstraße.

03. Augustinerbräu*

Ort: Neuhauser Str. 53 (2)
Gründungsjahr: 1328

Das genaue Gründungsdatum der Brauerei ist zwar nicht gesichert, wird aber plausibel mit 1328 angenommen. Im Zuge der Säkularisation wurde das Kloster 1803 aufgelöst, die Brauerei zog 1817 in die Neuhauser Straße 16 (27) um. Ab 1829 im Besitz der Brauerfamilie Wagner, wurde die Brauerei um die beiden Nachbargrundstücke erweitert. Noch bis 1885 wurde an Stelle der heutigen Großgaststätte gebraut, danach erfolgte die Verlegung des gesamten Betriebes in die Landsberger Straße 31–35, wo er bis heute besteht.

04. Franziskanerbräu*

Ort: Residenzstraße 9
Gründungsjahr: 1363

Erster Bräu war der 1363 belehnte Patrizier Seidel Vaterstetter. Den Namen bezog die Brauerei vom nahe gelegenen Franziskanerkloster. Der Braubetrieb bestand unter wechselnden Besitzverhältnissen bis 1861, wurde dann mit der Leistbrauerei fusioniert und der Braubetrieb in die Au (Hochstraße 7) verlegt. Später erfolgte der Umzug nach erneuter Fusion mit der Spatenbrauerei auf das heutige Gelände an der Marsstraße.

05. Probstbrauerei (Hackerbrauerei)*

Ort: Sendlinger Str. 75a/c (14)
Gründungsjahr: 1363/1480

Auf die Hausnummer 75 gründet sich ebenfalls eine der längsten Brautraditionen in München, wobei dieses Grundstück frühzeitig in drei Teile parzelliert wurde. Wie Vaterstetter bei der Franziskanerbrauerei war Ainweg Kirchler einer der im 14. Jahrhundert neu mit dem Brauregal belehnten Patrizier. Dieser war auf Hausnummer 75a als erster Bräu nachweisbar. Die Brauerei bestand zunächst gesichert nur bis

AUGUSTINER-BRÆU-AUSSCHANK
RESTAURANT
AUGUSTINER

1431. Da für die nächste Zeit hier die Zuordnung der einzelnen Brauer zu den genauen Hausnummern der Sendlinger Straße ausnahmsweise aber nicht eindeutig ist, könnte der Braubetrieb evtl. auch noch darüber hinaus fortgesetzt worden sein.

Erster (vermutlicher) Bräu auf der weiter zur Inneren Stadt hin gelegenen Parzelle 75c war demgegenüber 1480 Hans Schräl, wobei diese Brauerei in den nächsten Jahrzehnten wohl nur als Gaststätte betrieben wurde. Erst mit Balthasar Probst bestand ein durchgehender Braubetrieb auf diesem Teil des Grundstücks, sein Nachfolger Georg Probst (1642–1675) wurde Namensgeber der Brauerei. 1738 übernahm Simon Hacker die Brauerei. Sein Nachfolger wurde schließlich Joseph Pschorr, der später das Grundstück 75a zur Vergrößerung seiner eigenen Brauerei ankaufte. Unter seinen Nachfolgern wurde der Braubetrieb an die Hackerbrücke verlegt, die Gründung einer Aktiengesellschaft erfolgte 1881. Nach Fusion mit der Paulanerbrauerei wird heute nur noch auf deren Gelände in der Au produziert.

Linke Seite: Augustiner Großgaststätten
Fotografie von 1898 nach dem Umbau durch Emanuel von Seidl.

06. Schützbräu

Konrad Mütel war der erste nachgewiesene Bräu 1372, Johann Schiz braute von 1693 bis 1721. Der Braubetrieb wurde bis 1853, also fast 500 Jahre, fortgeführt.

Ort: Sendlinger Str. 82 (8)
Gründungsjahr: 1372

07. Unterpollingerbräu

Erster Bräu war Ulrich Adelsdorffer, der 1397 zur späteren Franziskanerbrauerei wechselte. Christoph Pollinger führte die Brauerei ab 1666. Die Brauerei wurde bis ins 19. Jahrhundert (1828) betrieben, danach befand sich dort eine Gaststätte.

Ort: Sendlinger Str. 5 (5)
Gründungsjahr: 1390

08. Gilgenrainerbräu

Werndel Münchperger ist als erster Bräu 1390 nachgewiesen, seit dem Jahre 1638 betrieb Hanns Gilgenrainer die Braustätte, Namensgeber dürfte sein Nachfahre G. Gilgenrainer (1658–1660) gewesen sein. Der Brauereibetrieb dauerte bis ins Jahr 1844 an.

Ort: Sendlinger Str. 83 (6)
Gründungsjahr: 1390

09. Oberspatenbräu*

Hans Welser gründete 1397 diese Brauerei, die 1628–1632 von Georg Spät betrieben wurde. Sie stellt das Stammhaus der Spatenbrauerei dar, die mit Gabriel Sedlmayr hier ihren großen Aufschwung erlebte und von seinem Sohn an die Marsstraße verlegt wurde (Umzug 1856 abgeschlossen). Dort besteht sie heute nach der Fusion mit der Franziskaner-Leist-Brauerei und später mit Löwenbräu immer noch.

Ort: Neuhauser Str. 4 (7)
Gründungsjahr: 1397

Oben links: Altes Spatenbräuhaus

Fotografie, um 1910.

Oben rechts: Eberl-Faber-Brauerei

Postkarte der Eberlbrauerei von 1897, nach ihrer Fusion mit der Faberbrauerei. Dargestellt ist das Braugelände an der Rosenheimer Straße.

10. Faberbräu*

Ort: Neuhauser Str. 4 (7)
Gründungsjahr: 1397

Evtl. gehörten die ersten hier nachweisbaren Brauer (Perchtold Pörtzl und Chunrat Himmeltau) zum Nachbarhaus 75 (s.o. 5. Probstbrauerei); von 1647 bis 1689 lag die Brauerei in der Hand von Andre Faber. Im Jahre 1771 war hier in der Malztenne eine der wichtigsten Theaterbühnen Münchens ins Leben gerufen worden, wo unter anderem mehrere Werke Friedrich Schillers ihre Münchner Uraufführung erlebten. Die Brauerei wurde 1864 von der Pschorrbrauerei gekauft und erst ab 1878 wieder als Faberbräu fortgeführt. Es folgten mehrere Besitzer, bis dann 1882 unter Josef Pongratz die Vereinigung mit der ihm ebenfalls gehörenden, benachbarten Eberlbrauerei erfolgte (bereits von 1812 bis 1838 waren beide Brauereien schon einmal verbunden). 1888 wurde diese Eberl-Faber-Brauerei zur Aktiengesellschaft, sechs Jahre später verlegte man den Braubetrieb in die Rosenheimer Straße. Nach dem Ersten Weltkrieg war die Brauerei unrentabel geworden, sodass die Fusion mit der freundschaftlich verbundenen Paulanerbrauerei 1920 erfolgte. Das Braugelände wurde an die Stadt München verkauft.

11. Bauernhanslbräu* (Pschorrbräu)

Ort: Neuhauser Str. 11 (21)
Gründungsjahr: 1445

Hanns Stewb begründete 1445 den Braubetrieb, Namensgeber war Hans Pfundmayr („Bauernhansl"), der die Brauerei 1660 erwarb. Sie wurde im 19. Jahrhundert nach ihrem Konkurs von Joseph Pschorr gekauft und an seinen Sohn Georg weitergegeben. Die Pschorrbrauerei verlagerte bis 1877 ihren Braubetrieb vollständig auf das

Högerbräu

Fotografie von 1901.

Areal an der Bayerstraße 30–32, die alten Gebäude wurden bis zu ihrer Zerstörung im Zweiten Weltkrieg als Bierhallen genutzt.

12. Högerbräu

Ort: Tal 75 (6)
Gründungsjahr: 1454

Erster Bräu war 1454 Thoman Passauer, der namensgebende Hans Höger war von 1628 bis 1633 als Brauer nachzuweisen. Die Brauerei wurde noch bis ins Jahr 1842 betrieben, das Gebäude und die eindrucksvolle Fassade wurden im Zweiten Weltkrieg zerstört.

13. Fuchsbräu (Mathäserbräu)

Ort: Theatinerstr. 46 (46)
Gründungsjahr: 1455

Die lange Brautradition an dieser Stelle wurde von Lorenz Hulger 1455 begründet, Paul Fux führte sie von 1660 bis 1684. Der Braubetrieb wurde im Jahre 1816 auf Grund einer zunehmenden geistigen Verwirrtheit des Besitzers eingestellt und zwei Jahre später versteigert. Die Braugerechtigkeit wurde von Georg Hartl erworben, der vor dem Karlstor die Gaststätte zum „kleinen Löwengarten" besaß (Bayerstraße 2). Dorthin übertrug er die Braugerechtigkeit (nach einem komplizierten behördlichen Genehmigungsverfahren) und errichtete die Hartlsche Brauerei (bis 1825), die über verschiedene Zwischenschritte (u.a. war Graf Buttler-Haimhausen Besitzer, damals Buttler-Bräu genannt) schließlich an Georg Mathäser (1858) fiel. Nachdem sie zunächst stillgelegt worden war, wurde der Braubetrieb ab 1872 wieder aufgenommen und die Brauerei erhielt kurzfristig den Namen „zum Bayrischen Löwen". Ab 1884 AG Mathäserbräu genannt, wurde die Braustätte im Jahre 1907 von der Löwenbräu AG übernommen. Der Braubetrieb wurde zu Beginn des Ersten Weltkriegs wegen Getreidemangels eingestellt, die Tradition als Bierhalle

Oben links: Fuchsbräu
Kupferstich von Ferdinand Bollinger, 1805. Die Brauerei ist das mittlere Haus, unten dargestellt ist das Brauerehepaar Maria und Johann Hierl.

Oben rechts: Zacherlgarten
Fotografie von 1905.

endete erst vor Kurzem durch den Abriss der Gebäude und der Errichtung eines Multiplex-Kinos. Im Mathäser wurde die Russnmass erfunden.

14. Lerchlbräu (Paulanerbräu)*

Veit von Eisenhofen ist hier 1456 als erster Bräu nachgewiesen. 1634 gelangte der Betrieb durch den Eintritt des Erben der damals Lerchlbräu genannten Brauerei in den Besitz des Paulanerordens, die Brauerei wurde schließlich auf deren Klostergelände verlegt. Der Ausschank erfolgte bis zur Errichtung des Salvatorkellers im Zacherlgarten (Ohlmüllerstr. 40). Die ursprüngliche Braustätte wurde danach Teil der Augustinerbrauerei, nachdem diese in die Neuhauser Straße verlegt und mehrfach vergrößert worden war.

Ort: Neuhauser Str. 16 (27)
Gründungsjahr: 1456

15. Hascherbräu

Erster belegter Brauer auf diesem Grundstück war 1471 Michael Starnberger, der namensgebende Georg Harscher übernahm den Betrieb 1664–1692. Die Brauerei war bis 1859 in Betrieb.

Ort: Sendlinger Str. 85 (6)
Gründungsjahr: 1471

16. Birnbaumbräu

Hans Albertshofer war der erste nachgewiesene Bräu, das Gebäude wurde im 19. Jahrhundert im Rahmen der Straßenerweiterung der Maffeistraße zum Promenadenplatz abgebrochen. Namensgebend war entweder ein markanter Baum vor dem Gebäude oder ein entsprechendes Wandfresko. Im Jahre 1833 wurde der Braubetrieb eingestellt.

Ort: Theatinerstr. 5 (-)
Gründungsjahr: 1482

17. Dürnbräu

Zur Brauerei wurde dieses Haus 1482 mit Jorg Mulner, dem ersten nachweisbaren Bräu an dieser Stelle. Georg Dürr (Namensgeber) braute zwischen 1607 und 1633. Die Brautätigkeit endete bereits 1819, die Braugerechtigkeit wurde 1863 von Gabriel Sedlmayr, dem Spatenbräu, erworben. Heute besteht an Stelle der ehemaligen Brauerei noch eine Gaststätte gleichen Namens.

Ort: Tal 21b (19)
Gründungsjahr: 1482

18. Kalteneckerbräu

Die Brautradition am früher Kreuzgasse genannten Platz begann 1482 mit Peter Wildenroter; der Name der Brauerei stammt von der alten Bezeichnung „am Kalteneckh". 1826 wurde der Braubetrieb eingestellt, die Braugerechtigkeit erwarb 1848 ebenfalls Gabriel Sedlmayr. Er transferierte sie vier Jahre später auf sein Grundstück an der Marsstraße, wo sie zum Grundstock der späteren, heute noch existierenden Großbrauerei wurde.

Ort: Promenadeplatz 21 (Hotel Bay. Hof)
Gründungsjahr: 1482

19. Maderbräu (Schneiderbräu)

Ort: Tal 10 (7)
Gründungsjahr: 1482

Christoph Reithofer begründete hier 1482 die Tradition einer Braustätte, namensgebender Bräu war Jacob Mader von 1642 bis 1655. Die Brauerei war Ausgangspunkt des ersten Münchner Bierkrawalls 1848. Sie wurde 1872 von Georg Schneider und seinem Sohn gekauft und in eine Weißbierbraustätte umgewandelt und musste erst durch die Zerstörungen im Zweiten Weltkrieg ihren Braubetrieb einstellen. Heute findet sich hier die Gaststätte des Weißen Bräuhauses.

20. Metzgerbräu*

Ort: Tal 62 (26)
Gründungsjahr: 1482

Auf diesem Grundstück war als erster Bräu Peter Raidt 1482 nachweisbar, wobei eventuell schon vorher hier gebraut wurde. In der dazugehörigen Gaststätte trafen sich traditionell die Metzgergesellen vor ihrem „Metzgersprung“, wobei aber der Name schon zuvor auf eine Brauerfamilie namens Metzger zurückging. Im Jahre 1885 erwarb Johann Wagerer, der Eigentümer der Brauerei in der Au, die Braustätte. Bereits nach zwei Jahren erfolgte der Verkauf an die AG „Brauerei zum Münchner Kindl“. Der Braubetrieb wurde noch im selben Jahr eingestellt und das Haus nur noch als Gaststätte für den Ausschank des Münchner-Kindl-Bieres weitergeführt.

21. Filserbräu

Ort: Weinstr. 8 (8)
Gründungsjahr: 1484

Der Braubetrieb begann 1484 mit Hans Hullger (Hülger), namensgebender Bräu war ab 1668 Martin Filser (bis 1692). Dieser war Sohn eines Bauern nahe Landshut, nach seiner Wanderschaft Bräumeister im kurfürstlichen Weißen Bräuhaus und wurde schließlich durch Heirat Bräu in der Weinstraße. Seine vier Töchter konnten jeweils in höhere Stände des Stadt-, Land- und Reichsadels verheiratet werden, ein Enkel – Felix Oefele – wurde kurfürstlicher Sekretär und Begründer des Oefele-Kreises, der zur Gründung der Bayerischen Akademie der Wissenschaften beitrug. Der Braubetrieb erlosch im Jahre 1827, die Braugerechtsame wurde daraufhin von Georg Brey, dem Löwenbräu, gekauft. Diese wurde auf das Gelände an der Nymphenburger Straße 4 verlegt, um dort eine zweite Sudpfanne zu errichten.

22. Leistbräu*

Ort: Sendlinger Str. 54 (50)
Gründungsjahr: 1485

In dieser Brauerei in der Sendlinger Straße war der erste belegbare Bräu Jakob Gallmair (1485), Hans Leiß war dann ab dem Jahre 1649 (bis 1679) tätig. Später (1842) gelangte die Brauerei in die Hände von Josef Sedlmayr, der sie mit der Franziskaner-Brauerei zusammenführte, den Braubetrieb 1865 an die Hochstraße 7 in der Au verlegte und den Betrieb schließlich 1922 mit der Spatenbrauerei seines Bruders an der Marsstraße vereinigte zur Spaten-Franziskaner-Leist-Brauerei. Der Braubetrieb an der Hochstraße wurde 1931 komplett stillgelegt.

Metzgerbräu

Fotografie von 1908.

23. Sollerbräu

Der Beginn des Braubetriebs erfolgte 1486 mit dem ersten Brauer Hans Münstrer, die Brauerei wurde danach aber mehrmals heruntergewirtschaftet und war schließlich „auf die Gant gekommen". Der Namensgeber Balthasar Soller war erst später ab 1640 hier nachweisbar (braute bis 1660), danach erreichte die Brauerei eine anhaltende wirtschaftliche Stabilität. Nach dem Tode des letzten Brauers 1835 wurde die Brauerei zwei Jahre später verkauft und als Gaststätte genutzt, der Aufkauf durch die Löwenbräu-AG (samt Braugerechtsame) erfolgte 1937.

Ort: Tal 60 (30)
Gründungsjahr: 1486

Leistbrauerei

Fotografie von 1909

24. Hallerbräu

Ort: Neuhauser Str. 5 (9)
Gründungsjahr: 1490

Auf diesem Haus war Lamprecht Ungelter 1490 der erste nachweisbare Bräu, Hans Haller braute von 1549 bis 1575. Der allerdings namensgebende Balthasar Haller betrieb die Brauerei erst ab 1662. Der Braubetrieb wurde 1859 eingestellt.

25. Zenger-/Kempterbräu (Bürgerbräu)*

Ort: Burgstr. 16 (4)
Gründungsjahr: 1490

In der Burgstraße bestanden von Anfang an zwei direkt benachbarte Brauereien (Burgstraße 16a und 16b). Erster nachweisbarer Bräu auf Haus 16b war 1490 Jörg Hafner, dessen Nachfolger über zwei Generationen zu einem deutlichen gesellschaft-

Sollerbräu

Fotografie von 1901.

lichen Aufstieg bis hin zum Reichskammergerichtsprokurator kamen. Die Brauerei wurde in dieser Zeit stillgelegt und erst ab 1582 wieder von dem Brauer Jörg Hainmiller in Betrieb genommen. Wenn auch nicht so detailliert belegt, so dürfte in dem zweiten Haus 16a parallel ebenfalls weitgehend kontinuierlich eine Brauerei bestanden haben, die ihren Namen von Leonhard Kempter (1667–1700) ableitete. Martin Zenger führte später den Betrieb über nahezu 50 Jahre (von 1654 bis 1703), sein Sohn vereinigte schließlich beide Brauereien. Nach einem verheerenden Brand 1842 wurde der Braubetrieb in die Kellerstraße 4 nach Haidhausen verlegt, der Brauer Xaver Hierl erwarb zudem die Braugerechtigkeit des Anger-Klosters und transferierte diese ebenfalls dorthin. Die Brauerei wurde schließlich von seiner Witwe im Jahre 1880 an die „Bürgerliche Bräuhaus AG" (im Volksmund „Bürgerbräu" genannt) verkauft, die später mit der Löwenbräu AG (1921) fusionierte. Der Braubetrieb in der Kellerstraße wurde 1932 eingestellt.

Spöckmayrbräu

Fotografie, 1925.

Seite 163: Bürgerbräu

Autotypie mit Ansicht der Kellerstraße, um 1891.

26. Spöckmayrbräu

Ort: Rosenstr. 8 (8)
Gründungsjahr: 1496

Der erste gesicherte Braubetrieb begann 1496 mit Hans Seemüllner. Michael Spöckhmayr war dann von 1687 bis 1731 in der Brauerei tätig. 1825 wurde sie von Franz Xaver Zacherl von der Paulanerbrauerei aufgekauft; seither wird sie als Gaststätte bis heute weiterbetrieben.

27. Unterkandlerbräu

Ort: Neuhauser Str. 15 (25)
Gründungsjahr: 1499

Erster Bräu war 1499 Korbinian Starnberger I., Hans Khandler war ab dem Jahre 1609 (bis 1645) im Besitz der Braustätte, namensgebend wurde sein Nachfolger Georg Khandler. Die Brauerei bestand bis ins Jahr 1847 und ging später in der Vergrößerung der benachbarten Augustinerbrauerei auf. Danach wurde die Braugerechtigkeit auf das Orlandohaus für den Betrieb einer Tafernwirtschaft übertragen, Grundlage für den hier immer noch bestehenden Gaststättenbetrieb.

28. Unterottlbräu

Ort: Sendlinger Str. 26 (25)
Gründungsjahr: 1513

Auf diesem Grundstück war Hans Starnberger I. im Jahr 1513 der erste Brauer, namensgebend wurde die Brauerfamilie Ottl, die später die Brauerei erwarb. Im Jahre 1822 wurde die Brautätigkeit beendet, nachdem der letzte Bräu Felix Fürmann Konkurs anmelden musste.

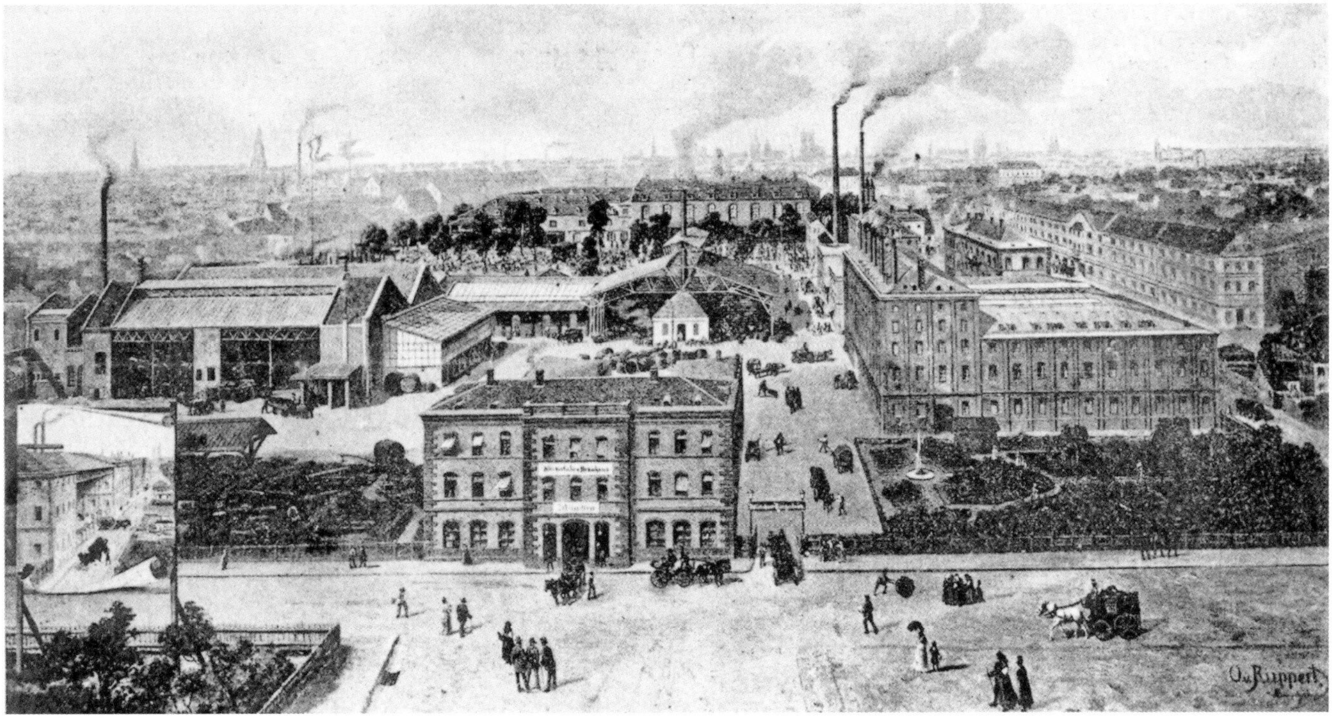

29. Wagnerbräu

Ort: Neuhauser Str. 12 (21)
Gründungsjahr: 1515

Gegründet wurde diese Brauerei von Paul Präckmair, Joachim Wager führte sie ab 1669. Namensgebend dürfte aber erst sein Nachfolger Joachim Wag(n!)er gewesen sein, der von 1678 bis 1688 braute. 1812 wurde an der Theresienhöhe 3 ein großer Lagerkeller errichtet, der später von der Pschorrbrauerei erworben wurde. Die Wagnerbrauerei bestand noch bis ins Jahr 1864 fort.

30. Heißbauernbräu

Ort: Oberer Anger 46 (30)
Gründungsjahr: 1522

Hans Arnold war 1522 der auf diesem Grundstück der erste belegte Bräu, ihr Namensgeber Philipp Heuss führte die Brauerei ab 1576. 1829 wurde sie stillgelegt.

31. Kapplerbräu

Ort: Kardinal-Faulhaber-Str. 14
Gründungsjahr: 1522

Zunächst alleinige Schankstätte, entwickelte sich hier mit Kaspar Mentzinger ab 1522 eine Brauerei bis ins 19. Jahrhundert hinein, danach hielt ein Hotelbetrieb in den Räumen Einzug. Namensgebender Bräu war Thomas Käppler, der von 1635 bis 1657 braute. Die heutige Kardinal-Faulhaber-Straße hieß früher Kapplerbräu-Gasse, das Ende der Brautätigkeit erfolgte im Jahr 1852.

Kapplerbräugasse
(heute Kardinal-Faulhaber-Straße)
Stich von Johann Stridbeck, 1697. Das mittlere Haus mit den beiden „Ohrwaschln" entspricht dem Kapplerbräu.

32. Menterbräu

Ort: Rosenstr. 12 (Kaufhof)
Gründungsjahr: 1522

In der zweiten Brauerei der Rosenstraße war Hans Kirchmair I. als erster Bräu 1522 nachweisbar, der zuvor offenbar als Bäcker arbeitete. Hans Menter konnte sie „auf der Gant" erwerben, er leitete die Brauerei von 1635 bis 1647. Die Brauerei war danach noch bis 1852 in Betrieb, die Braugerechtigkeit wurde anschließend von Josef Sedlmayr (Leistbräu) erworben, der sie in die Schützenstraße 15 transferierte.

33. Löwenbräu*

Ort: Löwengrube 17 (14)
Gründungsjahr: 1524

Der erste gesicherte Bräu auf diesem Grundstück war 1524 Jörg Schnaitter. Der heute noch gültige Name der Brauerei wurde unter der herausragenden Brauerin Maria Theresia Gegin (1725–1756) geprägt, die den Betrieb nach dem Tode ihres Mannes entgegen allen Klischees alleine weiterführte. Der Braubetrieb in diesem Stammhaus der Löwenbrauerei wurde im 19. Jahrhundert eingestellt und die gesamte Brauerei wurde an die Nymphenburger Straße verlagert. Dort wird auch heute noch gebraut und damit die Tradition fortgeführt.

34. Pachlbräu

Ort: Tal 9 (-)
Gründungsjahr: 1527

Diese Braustätte lag direkt neben der Maderbrauerei. Sie wurde 1527 von Hans Mair I. gegründet, Paul Pacher braute von 1660 bis 1674. 1842 endete die Brautradition auf diesem Haus, welches später bei der Verbreiterung der Maderbräugasse abgerissen wurde, wodurch die Maderbrauerei zum Eckgebäude wurde.

35. Bichlbräu

Ort: Theatinerstr. 51 (-)
Zeit: 1527

Erster belegbarer Bräu auf diesem Grundstück war Stefan Kaldorffer (1527), der namensgebende Martin Büechel (Piechl) besaß den Betrieb in den Jahren 1635–1651. Als eine der letzten alteingesessenen Brauereien fiel sie 1868 dem Konzentrationsprozess im 19. Jahrhundert zum Opfer. Das Gebäude wurde im Zweiten Weltkrieg völlig zerstört und ist heute Teil des nördlichen Marienhofs.

36. Hallmayrbräu

Ort: Tal 29 (27)
Gründungsjahr: 1527

Nachdem an dieser Stelle ursprünglich nur eine Gaststätte betrieben worden war, errichtete Carniel Schwaber hier 1527 den ersten Braubetrieb. Ihren Namen bezog die Brauerei von dem Brauer Hallmayr (1684–1693). Der Braubetrieb wurde bis 1857 fortgeführt.

37. Unterspat(en)bräu

Ort: Oberer Anger 24 (44)
Gründungsjahr: 1535

Der erste nachgewiesene Bräu war hier Hans Sämer (1535). Georg Spät (der auch Namensgeber für den Oberspatenbräu war) kaufte das Anwesen 1582 und wirkte als Brauer bis 1620. Im Jahre 1832 wurde der Braubetrieb eingestellt und die Gerechtsame auf eine Wirtschaft am Maximiliansplatz transferiert.

38. Prüglbräu

Ort: Neuhauser Str. 26a (39)
Gründungsjahr: 1539

Jörg Schnaitter, der auch der erste Bräu der Löwenbrauerei war, begründete nach seinem Auszug aus der Löwengrube 1539 eine neue Brauerei in der Neuhauser Straße. 1609 vergrößert Andre Fränzl die Braustätte um das Nachbargrundstück, das seit 1668 als Prüglbräu bezeichnet wurde. Später (nach dem Ende der Brauerei 1844) entstanden an gleicher Stelle die Spatenbräubierhallen.

39. (G)Schlößlbräu

Ort: Hartmannstr. 8 (8)
Gründungsjahr: 1539

Mindestens seit dem Jahre 1490 bestand an dieser Stelle eine Gaststätte, der erste nachgewiesene Bräu war Christoph Regitzer. Der Name leitete sich von einem markanten Schild mit einem gemalten viertürmigen Schloss ab. Die Brauerei war bis 1830 in Betrieb.

40. Eberlbräu*

Ort: Sendlinger Str. 79 (8)
Gründungsjahr: 1540

Vermutlich war das Haus schon früher Gaststätte, der eigentliche Braubetrieb begann 1540 mit Lienhart Schwarz. Der Namensgeber Hans Eberl betrieb sie ab 1593 (bis 1622). Im Jahre 1882 konnte die Brauerfamilie Pongratz die Brauerei und die benachbarte Faberbrauerei erwerben und gründete damit die erfolgreiche Eberl-Faber-Brauerei, die sechs Jahre später in eine Aktiengesellschaft umgewandelt wurde. Durch den Ersten Weltkrieg in Schwierigkeiten gekommen, wurde sie 1920 von der AG Paulanerbräu-Salvatorbrauerei übernommen.

41. Singlspielerbräu (Münchner-Kindl-Brauerei)*

Ort: Sendlinger Str. 28a (29)
Gründungsjahr: 1541

Heute noch wird die hier abzweigende Seitenstraße sowie das Gebäude nach dieser Brauerei benannt. Erster Bräu war 1541 Georg Heuss, Franz Singlspieler braute seit 1672 (bis 1711, also fast 40 Jahre). Er erweiterte die Brauerei um mehrere Nachbargrundstücke, später aber fiel die Braustätte auf das Maß einer Kleinbrauerei zurück. Unter Matthäus Wild kam es bis 1855 zu einem erneuten Aufstieg, unter seinem Sohn erfolgte die Verlegung des Braubetriebs in die Hochstraße 2/Ecke Rosenheimer Straße. Später gelangte die Brauerei nach verschiedenen Zwischenstufen an den Grafen Theobald von Buttler-Haimhausen jun., um 1880 von einer Investorengruppe zur spekulativen Gründung der Münchner-Kindl-Brauerei erworben zu werden. 1905 fusionierte diese mit der Unionsbrauerei Schülein. Der Münchner-Kindl-Keller, Münchens größter Saalbau, wurde im Zweiten Weltkrieg praktisch vollständig zerstört, seine Ruinen 1969 abgerissen.

42. Gilg(en)bräu

Ort: Sendlinger Str. 42 (43)
Gründungsjahr: 1543

Auf diesem Grundstück war Hans Ostermair 1543 der erste nachgewiesene Brauer, der im Verlauf die Brauerei um das Nachbargrundstück erweiterte. Der namensgebende Bräu Melchior Gilg braute ab 1683 (bis 1691). Die Brauerei wurde bis ins Jahre 1837 fortgeführt.

43. Oberkandlerbräu

Ort: Neuhauser Str. 44 (18)
Gründungsjahr: 1548

Gegründet wurde diese Braustätte von Hans Gebhard, später kam sie in den Besitz der Brauerfamilie Khandler. Die Brauerei bestand bis 1856 fort und lag nahe beim Oberpollingerbräu kurz hinter dem Karlstor.

44. Lanzbräu

Ort: Oberer Anger 33 (ca. 38)
Gründungsjahr: 1549

Erster nachgewiesener Bräu war Wolfgang Schamberger 1549, Paulus Lanz braute von 1698 bis 1713. 1842 wurde die Brauerei geschlossen.

45. Löwenhauserbräu (Unionsbräu)

Ort: Sendlinger Str. 19 (19)
Gründungsjahr: 1551

Erster Bräu in dieser Brauerei war Konrad Eisenmann, namensgebend wurde der Brauer Georg Lebenhauser (1653 bis 1684 tätig). Im Jahre 1834 war die Brauerei zur kleinsten innerhalb Münchens herabgesunken. Nach Jahren der spekulativen Veräußerung der Braugerechtigkeit wurde der Braubetrieb 1880 wieder aufgenommen, aber bereits ein Jahr später erneut veräußert. Danach erfolgte die Umbenen-

Löwenbräukeller
Fotografie von 1907.

nung in „Brauerei Gambrinus“, 1886 erfolgte der Erwerb durch die 1846 neu gegründete Aktienbrauerei „zur Schwaige“. Der Braubetrieb wurde in die Äußere Wiener Straße 42–44 verlegt, ab 1888 kam es erneut zu einer Umbenennung („Unionsbrauerei“). Heute noch findet sich an dieser Stelle die Großgaststätte gleichen Namens mit einer Schaubrauerei im Keller und Resten des ehemaligen Sudhauses. Im früheren Lagerkeller residiert u.a. der Jazz-Club „Unterfahrt“.

Münchner-Kindl-Brauerei

Autotypie nach einer Zeichnung, 1892.

46. Bacherbräu

Ort: Oberer Anger 16b
(ca. Rossmarkt 3)

Gründungsjahr: 1554

In dieser Brauerei war Mathäus Zechetmair 1554 der erste nachgewiesene Bräu. Benannt ist sie nach Paul Pacher, der die Brauerei ab 1660 (bis 1674) führte. Ende für den Braubetrieb war das Jahr 1842.

47. Oberpollinger

Ort: Neuhauser Str. 42 (18)

Gründungsjahr: 1556

Gegründet wurde die Brauerei 1556 von Wolfgang Spitzwegk, Christoph Pollinger (Namensgeber) übernahm den Betrieb im Jahre 1584 (bis 1612). Die Brautätigkeit endete 1832. An Stelle dieser Brauerei und der benachbarten Oberkandlerbrauerei wurde die heute noch bestehende Filiale des Kaufhauses Karstadt errichtet, die weiter den Namen der ehemaligen Brauerei führt.

48. Probstbräu

Ort: Unterer Anger 27
(Oberer Anger 35)

Gründungsjahr: 1556

Erster Bräu war auf diesem Grundstück zwar bereits im Jahre 1490 Diepold Mentzinger, nach ihm bestand aber zunächst keine Brauerei mehr. Erst ab 1556 (Brauer Sebold Koler) wurde ein durchgehender Braubetrieb geführt. Georg Probst war der Bräu ab dem Jahre 1642 (bis 1675). Die Brauerei bestand fort bis 1841. Die dazugehörige Gaststätte wurde 1891 von der Löwenbräu AG aufgekauft.

Unionsbräu

Fotografie, um 1922.

Hotel Oberpollinger,
ehem. Oberpollingerbräu
Fotografie von 1932.

rechte Seite: Sterneckerbräu,
rückwärtiger Eingang
Westenriederstraße
Aquarell um 1890.

49. Sterneckerbräu*

Ort: Tal 54 (38)
Gründungsjahr: 1557

Begründet wurde der Braubetrieb von Melchior Pfennigmann, der nach Unterbrechung von dem namensgebenden Hans Sternegger ab 1575 (bis 1621) fortgeführt wurde. Im 19. Jahrhundert leitete der innovative Brauer Trappentreu den Betrieb. Die Brauerei wurde von Josef Höcherl in die Äußere Prinzregentenstraße 15 verlagert. Im Jahre 1909 wandelte er sie in eine GmbH um und verkaufte sie 1919 an ein Konsortium aus acht Münchner Brauereien. Nach Stilllegung der Brauerei wurde während der NS-Zeit in einem Hinterzimmer das Parteimuseum der NSDAP eingerichtet.

50. Stub(e)nvollbräu

Ort: Unterer Anger 26
(Oberer Anger 35)
Gründungsjahr: 1557

Im Jahre 1557 war auf diesem Grundstück mit Hans Mittermair der erste Bräu nachweisbar. Der namensgebende Hans Stubenvoll führte den Betrieb ab 1659 (bis 1668). Im Jahre 1853 wurde die Brauerei stillgelegt.

Thorbräu

Fotografie von 1904.

Rechte Seite: Stubenvollbräu

Fotografie von 1905.

51. T(h)orbräu

Ort: Tal 37 (41)
Gründungsjahr: 1563

Erster Brauer in dem bereits zuvor als Gaststätte genutzten Gebäude war 1563 Wolf Prunhueber, 1858 wurde der Betrieb von Josef Sedlmayr (Leistbrauerei) übernommen und die Brauerei stillgelegt. Sie wurde nachfolgend wieder als Gaststätten- und Hotelbetrieb weitergeführt. Der Name stammte von dem nahegelegenen Isartor.

52. Krapf(er)bräu

Ort: Färbergraben 25 (14)
Gründungsjahr: 1565

Wolfgang Urspringer gründete hier 1565 die erste von insgesamt zwei Brauereien im Färbergraben. Namensgeber wurde Franz Krapf (ab 1685 bis 1708). Der Krapfbräu fiel als eine der ersten Brauereien dem Konzentrationsprozess im 19. Jahrhundert zum Opfer (1822).

53. Platzlbräu

1566 gegründet von Thomas Mezger (aus der gleichnamigen Brauerfamilie, die auch im Tal eine Brauerei unterhielt) erhielt die Brauerei später ihren Namen nach dem Ort der Braustätte. Zu Beginn des 18. Jahrhunderts war Georg Hallmayer Besitzer, der bereits eine Brauerei unter seinem Namen im Tal unterhielt. Er war in den Bauernaufstand gegen die österreichische Fremdbesatzung verwickelt, die schließlich als Sendlinger Mordweihnacht 1705 in die Geschichte Münchens einging. 1831 endete zunächst die Brautätigkeit des Platzlbräus, die Braugerechtsame wurde auf ein Lokal in der Von-der-Tann-Straße übertragen. Später erfolgte allerdings die erneute Übertragung einer anderen Braugerechtigkeit (des Unterkandlerbräus, siehe oben) auf das Anwesen zum Betrieb einer Gaststätte (bis zum heutigen Tage).

Ort: Platzl 4 (4, Orlandohaus)
Gründungsjahr: 1566

Krapferbräu

Fotografie von 1880

54. Schleibingerbräu*

Ort: Theatinerstr. 3 (3)
Gründungsjahr: 1584

Erster belegter Brauer auf diesem Haus war Hans Paur (1584), der Namensgeber Michael Schleibinger betrieb die Brauerei ab 1635 (bis 1680). Sie fand erst 1872 als letzte der von den Großbrauereien im 19. Jahrhundert „geschluckten", althergebrachten Traditionsbrauereien ihr Ende. Bekannt war die Brauerei vor allem unter dem Wirt Alois Fest (ab 1841), der ein Biermixgetränk „halb und halb" (zur Hälfte Wermuth) zur Vorbeugung gegen Cholera verkaufte. Seine Witwe ehelichte 1872 Franz Xaver Schmederer, wodurch die Brauerei an Paulanerbräu fiel.

55. Oberottlbräu

Ort: Sendlinger Str. 55 (ca. 46)
Gründungsjahr: 1589

Begründer der Brautradition auf diesem Grund an der Sendlinger Straße war 1589 Hans Schmidt. Der Name leitet sich von Georg Öttl ab, der als Bräu ab 1682 (bis 1687) auf dem Haus nachweisbar war. 1845 wurde die Brauerei stillgelegt und nachfolgend nur noch als Malzfabrik betrieben.

Orlandohaus, ehemaliges Platzlbräu

Fotografie um 1900.

56. Braunes/Weißes Hofbräuhaus*

Ort: Alter Hof/Platzl
Gründungsjahr: 1589/1607

Das Hofbräuhaus wurde im Auftrag von Herzog Wilhelm V. an Stelle des alten Hennenhauses und Bades 1589 erbaut. Die zweite herzogliche Sudstätte, zunächst ausschließlich für Weißbier, wurde dann unter seinem Sohn Maximilian I. im Jahre 1607 am Platzl errichtet. Der Braubetrieb des Braunen Hofbräuhauses wurde 1808 ebenfalls dorthin verlegt. Die Brauerei zog von hier aus 1896 zunächst in die Innere Wiener Straße und später nach München-Riem, wo sie heute noch besteht.

57. Hirschbräu*

Ort: Färbergraben 33 (Altheimer Eck 2)
Gründungsjahr: 1595

Die zweite Braustätte im Färbergraben wurde Ende des 16. Jahrhunderts gegründet, Ulrich Lamparter war der erste Bräu an dieser Stelle. Der Name des Gebäudes geht aber auf Peter Hirschhauser zurück, der das Anwesen bereits lange zuvor ab 1424 besaß. Die Brauerei war 1808 an die Ecke Zoll-/Bayerstraße auf das Gelände des Lagerkellers verlegt worden. Nach der Gründung des Deutschen Reiches 1871 endete auch hier der Braubetrieb noch im selben Sudjahr, anschließend Übernahme der Braugerechtigkeit durch die Paulanerbrauerei.

linke Seite: Königliches Hofbräu

Postkarte von 1899 mit Brauereigelände an der Inneren Wiener Straße.

Oberottlbräu

Fotografie von 1905.

Lodererbräu

Fotografie von 1905.

Rechte Seite: Kreuzbräu

Fotografie von 1894.

58. Lodererbräu

Ort: Oberer Anger 11a (Klosterhofstr. 2)

Gründungsjahr: 1596

Erster belegbarer Bräu dieser Brauerei war Bernhard Stümpfl (1596), der Name leitet sich von Andreas Loder ab. Dieser braute von 1669 bis 1696 und war zugleich Bräumeister im gegenüber gelegenen Angerkloster. Die Rechte an der Brauerei erwarb 1863 der Löwenbräu Ludwig Brey, 1872 gingen diese an die neu gegründete Löwenbräu AG über. Der Braubetrieb wurde bis 1866 hier fortgeführt.

59. Kreuzbräu

Ort: Brunnstr. 7 (3)

Gründungsjahr: 1598

Mit Balthasar Hueber ist auf dieser Brauerei 1598 der erste Bräu nachgewiesen. Namensgebend für diese Braustätte war die nahegelegene Kirche zum Heiligen Kreuz. Das Kreuzbräu war traditionell die Herberge der Schäffler und damit stets Ausgangspunkt ihres berühmten Tanzes. Die Brauerei wurde noch bis ins Jahr 1852 betrieben.

Gasthaus z. Kreuzbräu v. M. Böhm.
Blumen

Brauereigründungen im 19. Jahrhundert

Für die erneute „Welle" an Brauerei-Gründungen (bis 1800 gab es praktisch keine Neugründungen) ergibt sich folgendes Bild:

1. Fortführung alter Brauereien (bzw. Braugerechtigkeiten) unter neuem Namen

Reklamemarke Mathäser-Bräu, 1910/12

Ort: Bayerstraße 2

Gründungsjahr: 1818

Mathäserbräu (Brauerei zum Bayerischen Löwen, Hartlsche Brauerei)
Die Braugerechtsame des Fuchsbräu wurde von Georg Hartl im Jahre 1818 in die Bayerstraße 2 verlegt („Hartl'sche Brauerei"). Nachfolgend gab es mehrfach wechselnde Besitzer (u.a. der „Brau"-Graf Theobald von Buttler-Haimhausen) bis zu Georg Mathäser. Unter ihm wurde der 1858 bereits stillgelegte Braubetrieb wieder aufgenommen. 1884 verkaufte seine Witwe die Brauerei an die neu gegründete Aktiengesellschaft „Zum Bayerischen Löwen". 1907 erfolgte die Übernahme durch Löwenbräu. Der Braubetrieb endete 1915, als Bierhallen wurden die Räume aber bis Ende des 20. Jahrhunderts fortgeführt. Erst dann wurde dieser legendäre (und berüchtigte) Biertempel abgerissen und gegen einen Kino-Neubau, der den Namen weiterträgt, ersetzt.

Ort: St-Anna-Straße 12

Gründungsjahr: 1836

Franziskanerkloster am Lehel
1827 hatte König Ludwig I. die durch die Säkularisation aus ihrem Kloster am Max-Joseph-Platz vertriebenen Franziskaner-Mönche in das ehemalige Hieronymitenkloster St. Anna im Lehel wieder zur Seelsorge einberufen. Da die Mönche wieder wie üblich Bier brauen wollten, hatten sie zunächst versucht, freie Kapazitäten des Hofbräuhauses nutzen zu können. Da dies abgelehnt wurde, errichteten sie eine neue Braustätte, wobei die neu genehmigte Braugerechtigkeit nur für den Eigenbedarf galt. Dennoch wurde aber auch hier in einem eigenen Bräustüberl das offenbar sehr wohlschmeckende Bier gegen „Spenden" ausgeschenkt. Da diese Praxis der Klöster generell zunehmend in Kritik geriet, entschloss sich der Franziskaner-Orden schließlich, alle seine Klosterbrauereien zu schließen. Damit endete auch der Braubetrieb im Lehel 1885.

Ort: Äußere Wiener Straße 42/44

Gründungsjahr: 1845

Unionsbräu (Brauerei zur Schwaige, Gambrinusbrauerei)
Gegründet wurde zunächst eine Brauerei 1845 in der Äußeren Wiener Straße 42/44, die 1865 von Balthasar Füger übernommen wurde. Sie wurde im Jahre 1881 wieder verkauft und Anfang 1884 zur Aktiengesellschaft „Zur Schwaige" umgewandelt.

Unionsbrauerei

Postkarte mit Brauereigelände, um 1900.

1886 wurde die Gerechtigkeit des ehemaligen Löwenhauserbräus hinzugekauft und der Name „Gambrinus-Brauerei“ übernommen. Ab 1888 erfolgte die erneute Umbenennung zur „Unionsbrauerei“. Nach Aufkauf der Brauerei „Zum Dürnbräukeller“ wurde der Braubetrieb vorübergehend auf deren Areal an der Preysingstraße verlegt. Die alte Braustätte nahm 1895 Joseph Schülein wieder in Betrieb, der die in Konkurs gegangene Brauerei als „Unionsbrauerei Schülein“ weiterführte. Unter ihm kam es zu einem wirtschaftlichen Aufschwung. Dieser ermöglichte schließlich 1905 die Übernahme der Münchner-Kindl-Brauerei (siehe unten). Nachdem die traditionsreiche Löwenbrauerei, die stark auf das Exportgeschaft ausgerichtet war, durch die Folgen des Ersten Weltkriegs ins Trudeln geraten war, erfolge 1921 deren „Übernahme“ durch die Unionsbrauerei. Allerdings agierte die Brauerei weiterhin unter dem älteren Namen Löwenbräu. Joseph Schülein erwarb zudem die Kaltenberger Schlossbrauerei, sein Sohn wurde bis zur NS-Diktatur Direktor der Löwenbräu-AG. Heute besteht an Stelle des ehemaligen Unsionsbräu eine Gaststätte gleichen Namens, in deren Keller wieder eigenes Bier (für den Hausbedarf) gebraut wird.

Georg Schneider und Sohn

Ort: Im Tal 10
Gründungsjahr: 1873

Als ehemaliger Bräumeister des Hofbräuhauses übernahm Georg Schneider im Jahre 1872 das frei gewordene Weißbierregal des Hofbräuhauses und eröffnete zusammen mit seinem Sohn ein Jahr später einen erneuten Weißbier-Braubetrieb im ehemaligen Maderbräu. Die Brauerei prosperierte, die Gebäude wurden durch einen reprä-

Münchner-Kindl-Brauerei

Postkarte mit Brauereigelände, 1899.

sentativen Neubau ersetzt. Der Braubetrieb wurde bis zum Zweiten Weltkrieg an dieser Stelle fortgeführt, dann erfolgte wegen der kompletten Zerstörung der Münchner Brauanlagen die Verlegung nach Kelheim. Auch heute noch liegt die Brauerei dort im Familienbesitz, im Münchner Stammhaus im Tal besteht die Großgaststätte des Weißen Bräuhauses fort.

Münchner-Kindl-Brauerei

Ort: Hochstraße 2
Gründungsjahr: 1880

Die alte Singlspielerbrauerei in der Sendlinger Straße wurde von Matthäus Wild 1822 erworben und der Braubetrieb von seinem Sohn 1855 an die Hochstraße 2 (Ecke Rosenheimer Straße) verlegt. Nachfolger wurde nach einer Versteigerung und einer Phase mit rasch wechselnden Besitzern Graf Theobald von Buttler-Haimhausen Junior, der 1880 mit einer Gruppe von Investoren die Münchner-Kindl-AG gründete. Es erfolgt zudem die Fusion mit dem ehemaligen Metzgerbräu (der von Johann Wagerer von der Brauerei in der Au 1885 erworben worden war). 1905 wurde die Münchner-Kindl-AG, deren Brauerei immerhin etwa an 10. Stelle in München lag, durch die Unionsbräu übernommen.

Bürgerbräu

Ort: Kellerstraße 4
Gründungsjahr: 1880

Das Brauerehepaar Josef und Kreszentia Hierl kauften im Jahre 1840 die beiden direkt benachbarten Braustätten des Zengerbräu in der Burgstraße. Nach einem ver-

„Partie aus einem Hofe des Bürgerlichen Brauhauses München"
Postkarte, um 1920.

heerenden Brand 1842 wurde der Braubetrieb in die Kellerstraße 4 nach Haidhausen verlegt. Ihr Sohn Xaver erwarb 1851 die Braugerechtigkeit des Angerklosters, um den Betrieb um eine zweite in der Kellerstraße gelegene Braustätte vergrößern zu können. 1880 erfolgte die Umwandlung des Zengerbräu in eine Aktiengesellschaft, die AG „Zum bürgerlichen Bräuhaus" (vereinfacht „Bürgerbräu"), die im Jahre 1921 mit Löwenbräu fusionierte. 1931 kam das Ende des Braubetriebs in der Kellerstraße. Im Keller der Brauerei an der Rosenheimer Straße fand im Jahre 1939 das Attentat von Georg Elser auf Hitler statt.

2. Neugründung von größeren Brauereien

Lilienbrauerei

Ort: Lilienstraße 12
Gründungsjahr: 1828

Die verwitwete Besitzerin des Schlösschens Wageck ehelichte Josef Buchner, der 1828 eine Braukonzession erhielt (Wageckbrauerei). In den Jahren 1840 bis 1875 war die Brauerei im Besitz von Pschorrbräu. Danach wurde sie unter dem jeweiligen Namen ihrer nächsten Besitzer (Adam Feicht und Johann Wagerer) betrieben und erreichte einen durchschnittlichen Ausstoß von 14.000 hl. Letzter Besitzer war Johann Krähn, der den Betrieb 1888 einstellte. Die Gaststätte wurde 1901 von der Wagnerbrauerei erstanden.

Wagnerbräu (Schmuckerbrauerei)

Ort: Lilienstraße 24-5
Gründungsjahr: 1842

Vom ehemaligen Bräumeister des Heiliggeistspitals, Schmucker, wurde 1842 in der Lilienstraße 24 die „Schmucker-Brauerei" gegründet und zusätzlich der Lagerkeller des Birnbräu erworben. Nach dem Tode Schmuckers wurde der Braubetrieb 1852 wieder eingestellt. Johann und Susanne Wagner übernahmen die Braustätte 1862 als reine Mälzerei, ihr Sohn Hans eröffnete sie aber 1901 als Brauerei unter eigenem Namen wieder. Der Ausschank fand gegenüber in der eigens erbauten repräsentativen Gaststätte statt, die heute noch als „Wirtshaus in der Au" in Betrieb ist. Auf Grund des großen Erfolges (bis zu 50.000 hl jährlich) wurde das Brauereigelände nachfolgend um zahlreiche benachbarte Gebäude erweitert. Im Jahre 1937 ging die Brauerei in Konkurs und der Braubetrieb wurde stillgelegt. 1939 wurde die Brauerei aus der Konkursmasse von einem Konsortium Münchner Brauereien übernommen, nach dem Zweiten Weltkrieg ging der Besitz an Löwenbräu über.

Kochelbrauerei

Ort: Schmied-Kochel-Straße 8–9
Gründungsjahr: 1866

Die Brauerei wurde von Konrad Grimm auf dem Areal der Sendlinger Bauernschlacht gegründet, woher auch der Name (nach dem sagenhaften Schmied von Kochel, Anführer der Aufständischen 1705) rührt. Nach der Übernahme durch Ernst Erich wurde die Brauerei rasch ins Oberfeld der Münchner Brauereien mit einer maximalen Produktion von 75.000 hl geführt. Danach folgte jedoch ein deutlicher Produktionsrückgang, sodass die Brauerei 1906 von der Klosterbrauerei AG übernommen wurde. Diese firmierte anschließend unter dem Namen Kochelbräu AG weiter und verlagerte die gesamte Produktion (max. 120.000 hl) auf das Gelände an der Schmied-Kochel-Straße. 1918 erwarb die Hackerbrauerei die Aktienmehrheit, der Braubetrieb wurde 1919 eingestellt.

Maximiliansbrauerei

Ort: Ismaninger Straße 42
Gründungsjahr: 1874

Die Brauerei wurde von Anastasia Sailer gegründet, Nachfolger war Johann Nepomuk Kreiller. Sie erreichte eine durchschnittliche Bierproduktion von 14.000 hl jährlich. 1896 erfolgte die Übernahme durch die Sterneckerbrauerei, der Betrieb wurde anschließend stillgelegt (Abbruch der Brauerei 1900).

Brauerei zum Dürnbräukeller

Ort: Preysingstraße 79–80
Gründungsjahr: 1875

Gründer war Johann Baptist Leiss, ihm folgte Sebastian Meindl. 1889 wurde die Brauerei von Unionsbräu aufgekauft und in die Aktiengesellschaft „Zum Dürnbräu" umgewandelt. Die Produktion der Unionsbrauerei wurde auf das neu erworbene Grundstück verlegt. Zuvor wurden durchschnittlich über 15.000 hl Bier hergestellt.

Giesinger Brauerei

Ort: Wirthstraße 16–17
Gründungsjahr: 1875

Die ersten Besitzer der Giesinger Brauerei waren Ludwig Knorr, Christof Kurzwart, Josef Pepperl, Friedrich Schuler, C. & A. Prandtl. 1893 erfolgte die Umbenennung in „Bergbräu GmbH“, die um die Jahrhundertwende beinahe 60.000 hl Bier jährlich produzierte. Von 14 Münchner Brauereien wurde daher zur Konkurrenzabwehr 1907 die „Brauereigemeinschaft GmbH“ gegründet, die den Betrieb erwarb und anschließend sofort stilllegte. Die ehemalige Kundschaft wurde auf die Gesellschafter verteilt.

Gernerbräu

Ort: Klugstraße 21
Gründungsjahr: 1876 (1899 eingemeindet)

1876 gegründet von Freiherr Adolph von Kloeber auf dem ehemaligen Anwesen des Klosters Beuerberg, musste die Brauerei bereits 1881 zwangsversteigert werden. Nachfolgende Besitzer waren Magnus Lindl, Ludwig Freiherr von Gumppenberg-Pöttmes und Anton Neuhofer. 1905 erfolgte die Gründung der „GmbH Gernerbräu“, die vor dem Ersten Weltkrieg ca. 30.000 hl Bier jährlich produzierte und eine Niederlassung in London unterhielt. 1919 kaufte Löwenbräu die Brauerei, 1920 wurde sie geschlossen. Die brauereieigene Gaststätte blieb noch bis 1970 in Betrieb.

Gernerbräu
Zwei Postkarten, um 1910, links das Betriebsgelände der Brauerei, rechts ein Blick in die Wirtsstube.

Petuelbrauerei

Ort: Leopoldstraße 82
Gründungsjahr: 1877 (1890 eingemeindet)

Die Brauerei wurde von dem später als ersten Leiter des städtischen Omnibusverkehrs bekannt gewordenen Ludwig Petuel errichtet. 1888 kaufte zunächst die Berliner Firma Saloschin die Brauerei, veräußerte sie aber bereits einen Monat später an die dazu neu gegründete „Salvatorbrauerei AG" weiter. 1899 erfolgte die Umbenennung in „Schwabingerbrauerei", da sie den Namen Salvator gegen eine Abfindung an die Paulanerbrauerei (die sich fortan Paulaner-Salvatorbräu AG nannte) abtrat. Bei einer maximalen Produktionsmenge von 97.000 hl wurde im Jahre 1917 die Aktienmehrheit durch die Franziskaner-Leistbräu AG erworben und der Braubetrieb stillgelegt.

Colosseumsbrauerei

Ort: Kolosseumstraße 4
Gründungsjahr: 1879

Von Franz Kil wurde zunächst 1873 ein äußerst erfolgreicher Vergnügungspark errichtet, weshalb nachfolgend die Aufstellung einer eigenen Brauerei zur Verpflegung erfolgversprechend schien. Dabei wurde zuletzt ein Bierausstoß von 13.000 hl jährlich erreicht. Ende 1884 als Aktiengesellschaft betrieben, wurde diese nach dem Tode des Hauptaktionärs Franz Kil von seinem Sohn Peter 1887 an Johann Wage-

Klosterbrauerei St. Anna

Grußpostkarte mit Innenansicht der Gaststätte, 1904.

rer, den ehemaligen Besitzer des Metzgerbräu sowie ehemaligen Direktor der Münchner-Kindl-Brauerei verkauft. Dieser führte zur Konsolidierung des Gesamtbetriebes einen strikten Sparkurs durch, dem 1895 auch die Brauerei zum Opfer fiel. Von 1885 bis 1890 befand sich eine Filiale der praktischen Brauerschule Karl Michel in der Colosseumsbrauerei.

St. Anna

Ort: Liebigstraße 22
Gründungsjahr: 1880

1827 hatte König Ludwig I. die durch die Säkularisation aus ihrem Kloster vertriebenen Franziskaner-Mönche in das Kloster St. Anna im Lehel wieder zur Seelsorge einberufen. Deren Braugerechtigkeit wurde später privat übernommen, die St.-Anna-Brauerei hatte ihre Braustätte in der Liebigstraße 22. Der Braubetrieb wurde hier bis 1906 fortgeführt.

Weißbierbrauerei Schramm

Ort: Thalkirchnener Straße 50–52
Gründungsjahr: 1880

Besitzer dieser Weißbierbrauerei waren Matthias und Max Schramm; bis zur Jahrhundertwende konnte sie sich neben der Schneiderbrauerei als „zweite Weißbierkraft" mit einem maximalen Ausstoß von etwas über 10.000 hl etablieren, danach erfolgte der Niedergang. Sie wurde vor 1934 entweder von der Brauereigemeinschaft GmbH oder aber (widersprüchliche Quellen) von dem direkten Konkurrenten Schneiderbräu erworben und stillgelegt.

Thomasbräu

Ort: Maistraße 44
Gründungsjahr: 1881

Im Rahmen der Erweiterung des Südfriedhofes Ende des 19. Jahrhunderts wurde das benachbarte Areal bis zur Kapuzinerstraße städtebaulich erschlossen und damit für Investoren interessant. Im Jahre 1881 wurde in diesem Zuge eine kleine Brauerei („zum kleinen Hofbrau") durch Josef Hubinger gegründet, bald danach (1883) erfolgte deren Übernahme durch Ludwig Massenbach und Umbenennung in „Münchner Bräuhaus" oder auch „Massenbach-Brauerei". Am 27. März 1889 wurde diese an die Gebrüder Thomass verkauft (Ludwig Thomass, Ingenieur, und Eugen Thomass, Brauer). Um an eine vermeintliche Tradition alter Klosterbrauereien anknüpfen zu können, wurde der Brauereiname nach dem Heiligen Thomas nur mit einfachem S geschrieben. Auf Grund ihres großen Erfolges (vor dem Ersten Weltkrieg wurden bis zu 200.000 hl Bier jährlich gesotten) expandierte die Brauerei immer mehr, wodurch sie zuletzt nahezu das gesamte Dreieck zwischen Mai-, Kapuziner- und Tumblingerstraße ausfüllte. Nach der Gründung einer Interessensgemeinschaft mit der Paulanerbrauerei 1923 erfolgte im Jahre 1928 die vollständige Fusion der beiden Brauereien zur Paulaner-Salvator-Thomasbräu AG. Heute wird im ehemaligen Stammhaus am Kapuzinerplatz wieder ein eigenes Bier für den Hausgebrauch gebraut.

Gabelsbergerbrauerei

Ort: Gabelsbergerstraße 65
Gründungsjahr: 1881

Besitzer waren Johann Schraedler und Ferdinand Schweinsgut; Mitte 1884 wurde der Betrieb in eine Aktiengesellschaft umgewandelt, die 1894 von der Löwenbrauerei „geschluckt" wurde. Diese konnte das nahe gelegene Brauereiareal mit den dringend benötigten Lagerkellern sowie einer weiteren Mälzerei ideal nutzen. Vor der Übernahme lag die jährliche Produktionsmenge bei ca. 21.000 hl.

Reklamemarken Thomasbräu

3. Neugründung von kurzlebigen Kleinbrauereien

Gebhardbrauerei
Ort: Fabrikstraße 1
Gründungsjahr: 1. Hälfte. des 19. Jh.
Besitzer: Alois von Lengrießer
Die Brauerei wurde bereits 1858 von Pschorrbräu aufgekauft.

Sendlinger Brauerei (Mai-Bräu)
Ort: Lindwurmstraße 124
Gründungsjahr: 1822
Besitzer: J. Unger, Ignaz Schwabelmaier, Louis Soratroy, Friedrich May; Simon Fortner, Alois Steinbügler, Michael Rötzer, Kaspar Heinlein
Zeitweilig nach ihrem Besitzer auch May'sche Brauerei genannt. Der Braubetrieb ruhte längere Zeit bis 1876, danach erneute Stilllegung 1893. Anschließend Malzfabrik für Löwenbräu.

Ludwigsbrauerei
Ort: Pariser Straße 14
Gründungsjahr: 1875
Besitzer: Joseph Braun, Michael Wagerer
Von 1881 bis 1885 war die Braustätte an die Eberlbrauerei verpachtet, 1888 wurde der Braubetrieb stillgelegt bzw. nur noch als Malzfabrik fortgeführt.

Kapuzinerbrauerei
Ort: Kapuzinerstraße 35
Gründungsjahr: 1877
Besitzer: Heinrich Schmidt, Andreas Schmidt, Karl Henig, Johann Riedl, Therese Riedl
Zwischenzeitlich wurde die Brauerei auch in „Volksbrauerei" umbenannt, zuletzt Umwandlung in eine GmbH. 1903 erfolgte der Kauf durch die Klosterbrauerei AG, die das Gelände als Mälzerei und Konzertsaal nutzte.

Brauerei Rosenschenk & Lottermann
Ort: Kapuzinerstraße 41
Gründungsjahr: 1878
Besitzer: Josef Rosenschenk und Anton Lottermann
Stilllegung der Brauerei bereits nach dem ersten Sudjahr 1879.

Blutenburgbrauerei
Ort: Blutenburgstraße 156
Gründungsjahr: 1878 (eingemeindet 1890)
Besitzer: Karl Freiherr von Crailsheim, danach elf wechselnde Besitzer in sieben Jahren; Lorenz Dauerlein, Johann Füger, Josef Meyer
Im Jahre der Eingemeindung hatte die (miserabel beleumundete) „Kaiserbrauerei" nur noch 18 hl gebraut, danach wurde die Brautätigkeit ganz eingestellt. 1894 erfolgte der Umbau in eine Gaststätte.

Praterbrauerei
Ort: Thalkirchener Straße 133
Gründungsjahr: 1879
Besitzer: Elkin Farmer, Karl Graf von Oberndorff, Andreas Heilmaier, Karl Menninger, August Neumeier
Die Brauerei wurde 1881 in „Wittelsbacherbrauerei", 1884 in „Münchner Exportbrauerei Neumeier" umbenannt. 1894 wurde die Brauerei geschlossen und als Gaststätte weiter betrieben.

Weißbierbrauerei Bichler
Ort: Steinheilstraße 2
Gründungsjahr: 1879
Besitzer: Michael Bichler
Stilllegung nach einmaligem Brauen von 140 hl Weißbier.

Weißbierbrauerei Lobenhoffer (ehemals Berger)
Ort: Nymphenburger Straße 77
Gründungsjahr: 1879 (eingemeindet 1890, zuvor Neuhausen)
Besitzer: Georg Lobenhoffer u.a.
Die Brauerei wurde 1889 geschlossen, das Gebäude 1997 abgebrochen.

Brauerei Thalkirchen
Ort: Fraunbergstraße 31
Gründungsjahr: 1879
Besitzer: Katharine Braun, Jakob Höfle, Karl Höfle
Teilweise wurde die Brauerei auch „Zum Metzgerbauern" bennannt. Die praktische Brauschule Karl Michel hatte hier eine Filiale. 1902 kam das Ende des Braubetriebes, 1926 erfolgte der Teilabriss.

Bennobrauerei
Ort: Nymphenburger Straße 90
Gründungsjahr: 1879 (eingem. 1890)
Besitzer: Anton Pacher, Benno Danner, Johann Dirnhofer, Xaver Wasserburger
Nach ihrem letzten Besitzer auch als „Wasserburger'sche Brauerei" bezeichnet, wurde die Brauerei 1889 von Löwenbräu gekauft und als Mälzerei betrieben. Der ehemalige Brauereiname wurde für das St.-Benno-Bier der Löwenbrauerei verwendet. Gaststätte noch bis 1966.

Weißbierbrauerei Wetzstein
Ort: Nymphenburger Straße 117
Gründungsjahr: 1880
Besitzer: Franz Xaver Wetzstein
Bereits 1890 (kurz vor der Eingemeindung) wurde der Braubetrieb eingestellt, 1893 erfolgte der Kauf durch die Spatenbrauerei. Heute als Gaststätte weiterbetrieben.

Die „Gastwirtschaft zur Bennobrauerei" in der Nymphenburger Straße 90

Fotografie, Juli 1907

Max-Emanuel-Brauerei
Ort: Nordendstraße 4
Gründungsjahr: 1880
Besitzer: Georg Füger, Moritz Frank, Josef Deißböck, Josef Platiel
Die Brauerei wurde 1898 an Löwenbräu verkauft, das Brauen 1904 eingestellt. Heute noch Betrieb als Gaststätte.

Johannis Brauerei
Ort: Westendstraße 76
Gründungsjahr: 1880
Besitzer: Alois Dietz, Josef Dietz und Johann Setzer, Wilhelm Reinöhl, Sebastian Meindl
1887 wurde der Betrieb von der Brauerei zum Dürnbräukeller aufgekauft, zwei Jahre später Übernahme durch die Löwenbrauerei als reine Mälzerei.

Karmelitenbrauerei
Ort: Tegernseer Landstraße 37
Gründungsjahr: 1880
Besitzer: Anton Riehl, Josef Aschenbrenner, Gebr. Pflaum, Ignatz Weisenfeld, Max Weisenfeld
Nach 1901 wurde die Brauerei nur noch als – sehr erfolgreiche – „Münchner-Export-Malzfabrik AG" fortgeführt.

Adlerbrauerei
Ort: Äußere Maximiliansstraße 3
Gründungsjahr: 1880
Besitzer: Gottfried Roschmann
Seit 1883 als „Wienerbrauerei" geführt, wurde der Braubetrieb 1889 eingestellt.

Bruderhof Brauerei Lex
Ort: Schäftlarnstraße 5
Gründungsjahr: 1880
Besitzer: Johann Lex, Fritz Reischl
Von 1883 firmierte der Betrieb unter dem Namen „Germaniabrauerei". Die Brauerei wurde 1899 geschlossen, das Gelände 1933 von Löwenbräu erworben.

Weißbierbrauerei Sedlmayer
Ort: Maistraße 30a
Gründungsjahr: 1880
Besitzer: Otto Sedlmayer, Karl Roeckl, Alois Roeckl, Andreas Obermeyer
Mit dem Wechsel des Besitzers erfolgte auch stets eine entsprechende Umbenennung (1882 „Weißbierbrauerei Roeckl", 1893 „Weißbierbrauerei Obermeyer") der Brauerei, die 1897 von der nahe gelegenen Thomasbrauerei aufgekauft wurde.

Benediktusbrauerei
Ort: Westendstraße 76
Gründungsjahr: 1881
Besitzer: Michael Gerum, Matthias Drexl, Johann Gallmeier, Heinrich Schopflocher, Josef Hosp, Alois Brunner und Ferdinand Schneider
Der Braubetrieb wurde 1898 eingestellt, das Gebäude 1901 abgerissen.

Gärtnerbrauerei
Ort: Reichenbachstraße 9
Gründungsjahr: 1881
Besitzer: Franz Zieher, Adam Feicht, Gustav Lippschitz, Philipp Geyer, Peter Wittmann
Nach 10 Jahren wurde die Brauerei 1891 geschlossen. 1931 wurde dort ein jüdischer Betraum eingerichtet.

Weißbierbrauerei Dachs
Ort: Gabelsbergerstraße 61
Gründungsjahr: 1881
Besitzer: Georg Dachs
Gebraut wurde nur über zwei Sudjahre bis 1883 mit einem maximalen Ausstoß von 20 hl jährlich. Diese Menge von lediglich 5 l täglich kann sicherlich nur für den Erwerb des verkaufsfördernden Attributes „Bier aus eigener Herstellung" sinnvoll gewesen sein.

Brauerei Pasing
Ort: Landsberger Straße 499
Gründungsjahr: 1881
Besitzer: Balthasar Guggemos, Heinrich Bayer
1914 erfolgte der Kauf sowie die nachfolgende Betriebsschließung durch die Brauereigemeinschaft GmbH, die auf gleiche Weise schon zuvor das Giesinger Bergbräu „abgewickelt" hatte.

Münchner praktische Brauerschule Karl Michel
Ort: Heßstraße 74–76
Gründungsjahr: 1869 in Augsburg; Verlegung nach München 1881
Besitzer: Karl Michel, Wilhelm Kohl, Karl Michel, Dr. Gahl und Ludwig Riedel, Fritz Riebel
Der ausgewiesene Brauereifachmann Karl Michel gründete die Schule als Versuchsanstalt und zur Ausbildung von Brauern. Eigentümer des Gebäudes war die Gabelsbergerbrauerei, sodass nach deren Übernahme durch Löwenbräu der Mietvertrag 1894 endete. Die Schule zog ein Jahr später auf die Theresienhöhe 9 um, wo auch ein Ausschank des gebrauten Bieres stattfand. Filialen der Schule waren bei der Colosseumsbrauerei und der Weißbierbrauerei Thalkirchen. Ab 1909 nannte sich die Schule „Braun- und Reform-Weißbierbrauerei", Fortbestand bis 1919. Das Gelände in der Heßstraße wurde zwischen 1903 und 1923 nochmals als „Flaschenbiergenossenschaft der Gastwirte Münchens und Umgebung" genutzt.

Bavariabrauerei
Ort: Landsberger Straße 70–72
Gründungsjahr: 1883
Besitzer: Michael Lemminger, Katharina Lemminger, Gustav Walch
Bereits 1889 wurde der Braubetrieb wieder eingestellt. In dieser kurzen Zeit war die Brauerei auch unter den Namen ihrer Besitzer als Lemminger- bzw. Walchbrauerei bekannt.

Weißbierbrauerei Kirchner
Ort: Ickstattstraße 7
Gründungsjahr: 1887
Besitzer: Albert Kirchner
Gebraut wurde nur ein Sudjahr lang.

Siegesbrauerei
Ort: Siegesstraße 12–13
Gründungsjahr: 1888 (eingemeindet 1890)
Besitzer: Josef Fischler, Franz Strobel, Josef Koschade, Georg Lobenhoffer
Die Brauerei wurde 1898 abgerissen.

Brauerei Dr. Bauer
Ort: Marsstraße 2c
Gründungsjahr: 1889
Besitzer: Dr. Heinrich Bauer
Der Schriftsteller kam in seinem einzigen Sudjahr auf die beeindruckende Menge von 42 hl.

Münchner Kindl Weizenbierbrauerei
Ort: Bayerstraße 99
Gründungsjahr: 1894
Besitzer: Franz Heisinger, Theodor Sundheimer
Nach dem Besitzerwechsel wurde sie in „Weizenbrauerei Sundheimer" umbenannt. Ein Zusammenhang mit der etablierten Münchner-Kindl-Brauerei bestand niemals. Braubetrieb bis 1899.

Weißbierbrauerei Pasing
Ort: Planegger Straße 1
Gründungsjahr: 1894 (1938 eingemeindet);
Besitzer: Heinrich Bestermeier, Josef Rieger, Donat Röder
Braubetrieb bis zum Ende des Zweiten Weltkriegs.

Münchner Brauakademie Dr. Doemens
Ort: Linprunstraße 74–75
Gründungsjahr: 1895
Besitzer: Albert Doemens und Heinrich Heller
Die Akademie wurde von ehemaligen Dozenten der Brauerschule Karl Michel, mit der sie weiter eng zusammen arbeiteten, als zweite Lehranstalt ins Leben gerufen. Ein Verkauf der Probesude fand nicht statt. Nach dem Ende des Zweiten Weltkriegs wurde die Akademie zunächst nach Herrsching am Ammersee verlegt. Später erfolgte der Umzug nach Gräfelfing, wo sie bis heute ansässig ist.

Bierwürze GmbH
Ort: Holzstraße 17
Gründungsjahr: 1902
Diese Brauerei stellte bis zu ihrem Ende 1922 ausschließlich alkoholfreies Bier her, das teilweise sogar von Ärzten verordnet wurde.

St. Michaelsbrauerei
Ort: Baumkirchnerstraße 5
Gründungsjahr: 1903
Besitzer: Karl Vogt
Stilllegung des Betriebes 1912 nach Kauf durch die Brauerei Georg Schneider und Sohn, seither von dieser als Gaststätte bis heute fortbetrieben.

Weizenbierbrauerei Thalkirchen
Ort: Zennerstraße 4
Gründungsjahr: 1905
Besitzer: Cajetan Schmederer GmbH
Die Brauerei wurde 1913 eingestellt, die Schankstellen anschließend von der Schneiderbrauerei beliefert. Diese erwarb den Betrieb schließlich 1916.

Weißbierbrauerei Widmann
Ort: Würmtalstraße 113
Gründungsjahr: 1907 (1938 eingemeindet)
Besitzer: Peter Widmann
Nach Beginn des Zweiten Weltkriegs musste die Brauerei 1939 geschlossen werden.

Forschungsbrauerei Perlach
Ort: Unterhachinger Straße 76
Gründungsjahr: 1930
Besitzer: Gottfried Jakob
Der berühmte Braufachmann, der den Großteil seiner Einnahmen durch eigene Erfindungen im Brauwesen bestritt, gründete die Forschungsanstalt zur Verbesserung der Brautechnik. Er braute dabei vorwiegend für andere Brauereien, die sich kein eigenes Labor leisten konnten. Nachdem der Braubetrieb zwischen 1942 und 1948 ruhte, wird nun wieder bis heute gebraut und auch ausgeschenkt.

Brauhaus München-Daglfing
Ort: Rennbahnstraße 30
Gründungsjahr: unbekannt (1930 eingemeindet)
Besitzer: Marie und August Stadlmeier
Gebraut wurde nach der Eingemeindung Daglfings noch bis 1938.

Brauerei Iberer
Ort: Freisinger Landstraße 137
Gründungsjahr: 1935
Besitzer: Ludwig Iberer
Die Brauerei musste bereits nach nur vier Jahren Betrieb Konkurs anmelden.

Weißbierbrauerei Schüle
Ort: Hermannstraße 20
Gründungsjahr: unbekannt (1938 eingemeindet)
Besitzer: Bernhard Schüle
Nach der Eingemeindung Pasings bestand die Brauerei bis zum Ende des Zweiten Weltkriegs als Münchner Brauerei fort.

III Historische Biertour

Der erste Abschnitt des Buches – zur Geschichte des Bierbrauens in München – sollte Ihnen die historische Entwicklung des Brauwesens in München von der Stadtgründung bis heute nahe bringen. Nun möchten wir Sie auf unsere „Historische Biertour" durch München mitnehmen und Ihnen auf diesem Rundgang, sei es virtuell in Ihrem Lesesessel, sei es zu Fuß vor Ort, die heute noch existenten Spuren der ehemaligen Brauereien zeigen, von denen um 1600 bis zu 80 gleichzeitig in München brauten. Sie werden Gedenktafeln, historische Gebäude und Stätten wiedererkennen, an denen Sie vielleicht schon oft vorbeigelaufen sind und die Ihnen ein Gefühl für die Lebensumstände der jeweiligen Brauepoche vermitteln werden.

Ausgangspunkt unserer Biertour ist die südwestliche Ecke des **Marienplatzes**. Hier befinden wir uns am Mittelpunkt der ältesten Stadtanlage, wie sie 1158 von Heinrich dem Löwen gegründet wurde und 17 Jahre später ihre erste Befestigung erhielt. Die damalige „Heinrich-Stadt" war allerdings wesentlich kleiner als die jetzige Innenstadt von München. Erst später von einer Stadtmauer mit davor liegendem Graben umgeben, zählte die junge Stadt fünf Tore. Auf jedem Stadtplan von München kann man den eiförmigen Grundriss der sogenannten „Inneren Stadt" noch anhand des Straßenverlaufs in der Altstadt gut erkennen. Der Alte Hof – die erste wittelsbachische Residenz in München – nahm die nordöstliche Ecke der Stadt ein und war ein markanter Bestandteil der ersten Stadtbefestigung.

Von unserem Ausgangspunkt am Marienplatz aus hätten wir noch vor 200 Jahren allein vier der früheren Stadttore sehen und auch mit wenigen Schritten erreichen können. Als einziges noch verblieben ist das östliche, sogenannte Talburgtor, welches dem Turm des Alten Rathauses entspricht. Im Westen endete die Stadt vor dem Jagdmuseum am Kaufinger Tor, das wegen seiner Bemalung auch „Schöner Turm" genannt wurde. Nördlich gab es zwei Stadttore an den Kreuzungen der Schrammerstraße mit der Theatiner- und der Dienerstraße. Im Süden lag der ebenfalls bemalte Pütrichturm an Stelle des heutigen Ruffinihauses. Der äußere Mauerring, der weitgehend der Kontur unserer heutigen Innenstadt entspricht, wurde erst 150 Jahre später errichtet (und nochmals ein Jahrhundert danach von einer Zwingermauer umgeben).

Wenn wir uns vom Marienplatz aus ein paar Schritte in die Rosenstraße begeben, liegt rechter Hand die **Gaststätte „Zum Spöckmeier"**, die sich hervorragend zum Weißwurstfrühstück als Grundlage für die weitere Biertour eignet. Hier wurde bereits 1496 eine Brauerei gegründet, die als späterer Spöckmayrbräu bis ins Jahr 1827 Bestand hatte. An der Fassade erinnert ein Rosenrelief an die alte Bezeichnung dieses ehemaligen Eckhauses „zum Roseneck".

Die Gaststätte „Zum Spöckmeier"

Vom Marienplatz aus führt unser Weg die Kaufinger Straße entlang zum ehemaligen ersten westlichen Stadttor, dem **„Schönen Turm"**. Anfang des 19. Jahrhunderts abgerissen, erinnert heute ein Goldschmied, der an der Ecke des Herrenausstatters Hirmer die Miniatur des Turmes auf seinen Schultern trägt, an das ehemalige Stadttor. Eine Gedenktafel am Kaufhauseingang und der davor ins Straßenpflaster der Fußgängerzone eingelassene Grundriss beziehen sich ebenfalls darauf. Unmittelbar neben diesem Tor lag direkt an der Stadtmauer der älteste bekannte Bräustadel der Stadt München, den der Patrizier Jacob Freymanner ab 1335 genau auf dem Gelände des heutigen Kaufhauses betrieb.

Auf der anderen Seite des ehemaligen Stadtgrabens lag das **Kloster der Augustinermönche**, welches das gesamte Karree zwischen Augustiner-, Kaufinger-, Ettstraße und Löwengrube umfasste. Die Brauerei der Mönche war dabei in der Löwengrube an der Ecke zur Ettstraße gelegen. Heute ist im größten Teil des ehemaligen Klosters die Polizei untergebracht. Die Kirche des Klosters wurde nach der Säkularisierung als Mauthalle benutzt und beherbergt nun das Jagdmuseum.

Auf der anderen Seite der Neuhauser Straße befand sich gegenüber der ehemaligen Augustiner-Klosterkirche die Oberspatenbrauerei, die Keimzelle der heutigen Spatenbrauerei. Nachdem sich die Brauerei im 19. Jahrhundert zunehmend vergrößerte, erfolgte die Verlagerung der Produktionsstätten vor die Stadt. Dort, an der Marsstraße, wird auch heute noch das Spatenbier gebraut.

Wenn wir nun die Augustiner Straße entlanggehen, die mit ihrem Bogen dem Verlauf der ursprünglichen ersten Stadtmauer folgt, gelangen wir an ihrem Ende zur ehemaligen **Löwengrube** 17. Nach der Braureform von 1372 hatte eine regelrechte „Gründungswelle" von Brauereien in München eingesetzt, in deren Folge auch 1524 von Jörg Schnaitter an dieser Stelle die Löwenbrauerei gegründet wurde. In späteren Jahren waren in der Fassade der Brauerei zwei steinerne Löwen-Reliefs eingelassen worden. Auch die Löwenbrauerei verlagerte ihren Braubetrieb aus Platzgründen aus der Innenstadt an die Nymphenburger Straße, wo man heute noch die großen kupfernen Sudpfannen sehen kann.

Von der Löwengrube aus steigen wir nun zur Nordseite der **Frauenkirche** hinauf. An diesem kleinen Anstieg kann man auch heute noch ein Gefühl für die

Biertheke im renovierten Spöckmeier in der Rosenstraße

früher noch deutlich größeren Niveauunterschiede innerhalb der Stadt bekommen. Die höher gelegenen Areale boten auf natürliche Weise einen gewissen Schutz vor den immer wiederkehrenden Überschwemmungen durch die ungebändigte Isar. Über den Grund des ehemaligen Friedhofes gelangen wir auf der Rückseite der monumentalen spätgotischen Kirche zur Filserbräugasse. Diese war früher, als der Gottesacker noch genutzt wurde, mit einem Eisengitter zum Friedhof hin abgeschlossen, war also eine Sackgasse. Ihren Namen bezieht die Straße von der Filserbrauerei, gegründet 1484. Diese Brauerei befand sich an der Ecke zur Weinstraße, die wiederum ihren Namen von dem hier stattfindenden Weinmarkt herleitet. Vor allem vor Erlass des Reinheitsgebotes war der Weinhandel eine starke Konkurrenz für das Brauwesen. Der nicht verkaufte Wein wurde jeden Abend in den städtischen Weinstadel gebracht. Wenn wir über die Landschaftsstraße hinter dem Rathausblock weitergehen bis zur Dienerstraße, gelangen wir nach einer kurzen Wendung nach rechts über den Hintereingang in den Hof eben dieses ehemaligen Weinstadels, der bis zur Burgstraße reichte.

Heute wird in dem Gebäude mit der prachtvollen, kürzlich sanierten Renaissancefassade die **Gastwirtschaft „Hofer – der Stadtwirt“** betrieben. Hier kann während einer ersten Verschnauf- und Bierpause eines der ältesten Münchner Stadthäuser mit gotischem Innenhof, Spindeltreppe und einer „Himmelsleiter“ (eine schmale Treppe, die neben dem Haupteingang in einem Zug vom Erdgeschoss bis in den Speicher des Hauses führt) bewundert werden.

Anschließend führt unser Weg über die Burgstraße weiter zum **Alten Hof**, wobei wir rechter Hand am Hause des mehrmals zitierten Geheimen Staatskanzlers Wiguläus von Kreittmayr vorbeikommen, der schon im 18. Jahrhunderts in klaren Worten die herausragenden Vorzüge des bayerischen Bieres gegenüber dem einheimischen Wein zu benennen wusste (Gedenktafel an der Fassade). Wohl bereits seit den Gründungstagen Münchens stand am Ende der Burgstraße eine Wehranlage, die von Herzog Ludwig II., dem Strengen, ab 1255 ausgebaut und zur Münchner Stadtresidenz der hiesigen Wittelsbacher wurde. Seinen Beinamen erhielt dieser Herzog, weil er seine eigene Frau Maria von Brabant wegen angeblicher Untreue hinrichten ließ. Nach-

Rechte Seite: Die Innere Stadt
Lindenholzmodell der Stadt München von Jakob Sandtner, 1570, Aufsicht auf die Innere Stadt. Links der Schöne Turm. Rechts oben Anschnitt des Alten Hofes, links davon liegen die beiden Stadttore am Ende der Diener- und der Weinstraße, unten in der Bildmitte das Ruffinitor.

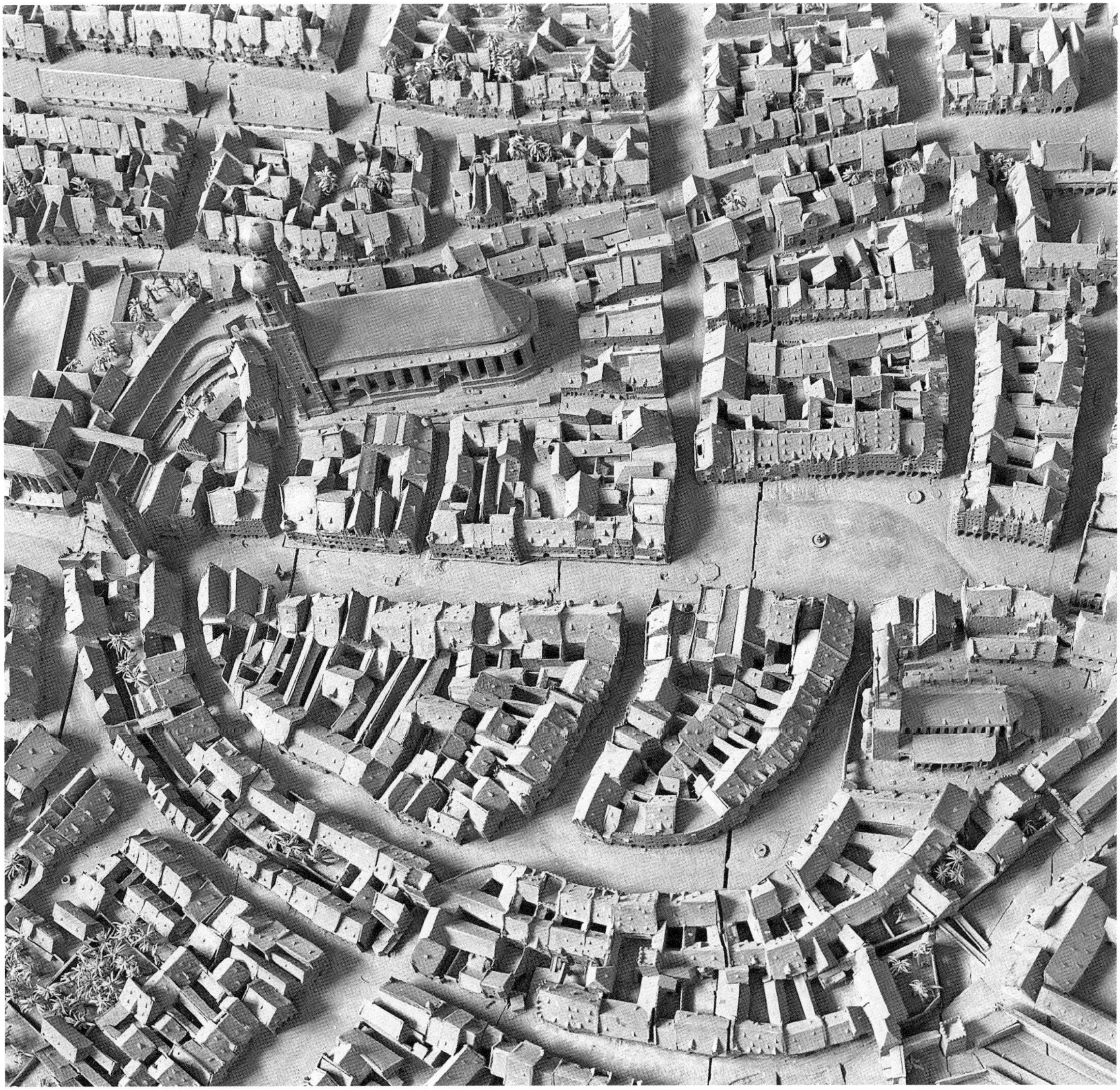

Historische Biertour durch München

Die Nummern markieren die Standorte der ehemaligen Münchner Brauereien, wie sie in der Reihenfolge ihres Entstehens im Brauereiverzeichnis (S. 150–179) aufgeführt sind. Auf dem Plan ist außerdem die Lage des damals noch in Betrieb befindlichen Braunbräuhauses im Alten Hof sowie die der nahegelegene Malzmühle und des königlichen Dörrhauses ersichtlich. Die großen geistlichen Komplexe, die seit jeher mit einem Braurecht ausgestattet waren, waren damals bereits säkularisiert (Anger- und Augustinerkloster sowie Heiliggeistspital) oder abgerissen worden (Franziskanerkloster am späteren Max-Joseph-Platz).

Im Plan eingezeichnet ist der Verlauf der „Historischen Biertour". Zwar haben die Zerstörungen des Zweiten Weltkrieges das Bild der Altstadt erheblich verändert, dennoch wird sich der geneigte Leser auch heute noch problemlos mit Hilfe dieses „antiquierten" Planes zurechtfinden.

Grundlage: „Plan der Haupt und Residenzstadt München"

Johann Carl Schleich, Karte von 1806

KAISER HOF
KÜCHEN HOF
ZEUG HAUS
MAX JOSEPH PLATZ
THEATINER GEBÄUDE
PROMENADE
SCHRANNEN PLATZ
NORD
18
31
39
33
16
13
4
54
35
21
53
56a
56b
25
32
26
34
19
15
8
7
17
36
12
1
20
23
51
49
Links
dem
Einlafs
Rechts
und
BEZEICHNUNG
der
BRUNN WASSERLEITUNG
HOF BRUNNHÄUSER
A. am Brunnthal
B. am Lilienberg
C. am Hofgarten
D. das alte und neue Residenz Brunnhaus
E. am Jungfern Thurm
F. Brunnhaus von Herzog Max
G. am Karls Thor
STADT BRUNNHÄUSER
A. Brunnhaus auf dem Isarberg
B. am Katzenbach
C. am Glokenbach
D. hinter dem Bruderhaus
E. auf der oberen Bachländt
Maafstab von 1000 Baierischen Schuhen
Echelle de 300 Mètres
AUF
allerhöchsten Befehl
herausgegeben
von
der Königlich baierischen Direction
des
topographischen Bureau.

dem sich diese Anschuldigung nachträglich als falsch herausstellte, stiftete er zur Sühne das Zisterzienserinnenkloster Fürstenfeld bei Fürstenfeldbruck.

Der Name „Löwengrube“ hätte übrigens auch für die Burgstraße seine Berechtigung gehabt, denn das Eckgebäude auf der linken Seite vor dem Eingang in den Alten Hof beherbergte in seinem Hinterhaus zur Burgmauer hin einen Löwenzwinger. Die Herzöge hielten sich hier ihre Wappentiere in Form lebendiger Löwen. Ende des Jahres 1473 waren zwei dieser Tiere ausgebrochen, weshalb den sogenannten „Fronboten“ 60 Pfennige ausbezahlt wurden, weil sie „von Haus zu Haus gesagt haben von der zwei Löwen wegen, die man zu Hof verloren hat“.

Seine Lage am äußersten Stadtrand und damit als Fluchtburg bei städtischen Aufständen hatte der Alte Hof nach der Stadterweiterung Anfang des 14. Jahr-

Der Alte Hof

Lindenholzmodell der Stadt München von Jakob Sandtner, 1570, Detailansicht des Alten Hofes. Links unten Anschnitt der Alten Münze, am linken Bildrand fließt der Pfisterbach. Rechts am Bildrand ist das alte Stadttor am Ende der Dienerstraße zu erkennen

hunderts eingebüßt. Die repräsentative Hofhaltung fand weiterhin hier statt, die Schutz- und Rückzugsfunktion hatte hingegen die „Neuveste" an Stelle der heutigen Residenz übernommen. Daher konnte Herzog Wilhelm V. 1589 im Alten Hof das **„Braune Hofbräuhaus"** in nicht mehr benötigten Räumen einrichten lassen. Die Brauerei lag dabei im östlichen Flügel, der im Krieg zerstört worden ist. Die späteren Nachkriegsbauten wurden erst vor Kurzem durch einen Neubau ersetzt.

Wir verlassen den Alten Hof links durch den ehemaligen Haupteingang und wenden uns in der Dienerstraße wieder nach rechts. Nach wenigen Schritten erreichen wir die Residenzstraße, wo wir beim dritten Haus auf der linken Seite zum früheren Standort der **Franziskanerbrauerei** gelangen. Diese war bereits im 14. Jahrhundert, zur Zeit des Patrizierbrauens, von Seidl Vaterstetter gegründet worden. Der Name der Brauerei leitete sich von dem schräg gegenüber auf dem heutigen Max-Joseph-Platz gelegenen Franziskanerkloster ab. Sie wurde 1861 von Josef Sedlmayr übernommen und fusionierte mit der Spatenbrauerei seines Bruders Gabriel. Der Braubetrieb wurde danach auf deren Gelände an der Marsstraße verlagert. Bis heute wird aber auf dem Grundstück der einstigen Franziskanerbrauerei eine Traditionsgaststätte weiterbetrieben.

Nach rechts gewandt biegen wir nach einem kurzen Weg in der Maximilianstraße wiederum nach rechts in den Hofgraben ab, der uns vor dem Alten Hof nach links hinab bis zur Sparkassenstraße führt. An deren Stelle verlief früher der Pfisterbach, der auch die Mühle der gegenüber gelegenen Hofpfisterei antrieb. Geradeaus über die Pfisterstraße erreichen wir schließlich das **Platzl**. Dort errichtete Herzog Maximilian I. im Jahre 1607 eine seiner neuen Weißbierbrauereien, die einen wesentlichen Baustein bei der Errichtung des Weißbiermonopols der Wittelsbacher darstellten. Während der Prinzregentenzeit wurde die Braustätte 1896 nach Haidhausen verlegt (heutiger Hofbräukeller am Wiener Platz) und das Brauhaus in einen Bierpalast umgebaut.

Bereits zuvor, 1566, war am Platzl eine andere Brauerei, das gleichnamige Platzlbräu, gegründet worden. Sie lag an Stelle des heutigen Orlando-Hauses, und ihre Braugerechtigkeit war Grundlage für den heute noch bestehenden Gaststättenbetrieb.

Das mittlerweile legendär gewordene **Hofbräuhaus** ist bekanntlich eine der größten Attraktionen Münchens und beschert unter anderem dem Freistaat Bayern jedes Jahr Millioneneinnahmen. Bevor wir mit der Tour fortfahren, muss in dieser weltbekannten Stätte des Bierkonsums zwingend eine Pause zum Verschnaufen und natürlich zum Genuss eines „herzoglichen" Weißbiers eingelegt werden.

Rechte Seite: Bier- und Oktoberfest-Museum

Fassadenansicht von der Sterneckerstraße aus. Die kleine Tür rechts vorne ist der Eingang zur Himmelsleiter.

Über den rückwärtigen Teil der Schwemme gelangen wir durch den Hinterausgang des Hofbräuhauses nach links in die Bräuhausstraße, die an der Kreuzung zur Hochbrückenstraße endet. Die auf der linken Seite abzweigende Neuturmstraße gab es früher nicht, an ihrer Stelle stand eine Malzmühle, die das Gersten- und Weizenmalz für das Hofbräuhaus herstellte. Die Mühle war mit der Rückseite des Hofbräuhauses baulich verbunden, lag direkt an der äußeren Stadtmauer und reichte nach Norden bis zum Kosttor, an das heute nur noch der Name eines kleinen Platzes erinnert. Links von diesem lag damals die Darre, in der das Braumalz getrocknet und geröstet wurde. Das Rad der Malzmühle wurde vom Katzenbach angetrieben, einem weiteren der früher so zahlreichen Münchner Stadtbäche.

Geradeaus führt die Marienstraße weiter, die früher von der zum Teil bemalten Stadtmauer begrenzt war (siehe Hinweistafel links an der Hausmauer). Sie endet mit einer scharfen Kurve nach rechts. An diesem strategisch wichtigen Punkt stand ein besonders hoher Turm, der passend als **„Lueg ins Land"** bezeichnet wurde und mit seinen 30 Metern Höhe einen hervorragenden Ausblick (luegen = schauen) in Richtung Isar und sogar hinter den Gasteigberg ermöglichte. Auf jener Anhöhe am gegenüberliegenden Hochufer der Isar entstand in der ersten Hälfte des 19. Jahrhunderts eine Kellerstadt mit über 50 Lagerkellern der Brauereien. Ein farbig markierter Grundriss im Pflaster erinnert an die frühere Position des „Lueg ins Land". Im Durchgang zum Thomas-Wimmer-Ring kann zudem links das Fundament eines Wehrturms der vorgelagerten Zwingermauer erkannt werden. Eine rote Pflastermarkierung führt vom „Lueg ins Land" zum Isartor und zeigt den Verlauf des äußeren Mauerrings an, während die Reste der Zwingermauer hier in gesamter Länge durch die Fenster der Bürogebäude der Stadtsparkasse zu erkennen sind.

Vom Isartor aus können wir nun genauso in die Innenstadt gehen, wie dies jahrhundertelang die Reisenden auf der ehemaligen Salzstraße taten und damit die Kundschaft für die hier angesiedelten Brauereien lieferten. Rechter Hand liegt direkt hinter dem Isartor das Hotel „Torbräu". Dieses geht zurück auf eine Herberge, die schon 1490 als Thaltor-Herberge gegründet wurde. Im Jahre 1563 wurde die Herberge um eine Brauerei erweitert, das Thorbräu. Dieses bestand bis Mitte des 19. Jahrhunderts, bevor es von der Franziskaner-Leist-Brauerei aufgekauft und stillgelegt wurde.

Etwas weiter im Tal stoßen wir links auf den Standort der Sterneckerbrauerei, an die heute nur noch die gleichnamige Seitenstraße erinnert. Ein paar Schritte in die Sterneckerstraße hinein gelangt man zum **Bier- und Oktoberfestmuseum**, das in einem der ältesten Stadthäuser Münchens (Teile der Mauern gehen bis ins Jahr 1346 zurück) untergebracht ist und wie der ehemalige Weinstadel noch über eine „Himmelsleiter“ verfügt. Im Museum wird auch die Zunftlade, die seit dem 17. Jahrhundert existiert, und die Zunftfahne der Brauer aufbewahrt, die kürzlich erneuert wurde. Aus der Zunftlade erhalten die neuen Gesellen ihren Brief, und die Münchner Brauer schwören bei dieser Gelegenheit auch heute noch den „Preu-Aid“ auf das Reinheitsgebot.

Ein Stück das Tal hinauf verweist schräg gegenüber die Dürnbräugasse wiederum auf eine der alten Brauereien aus dem 15. Jahrhundert. Wenn wir in die Straße hineingehen, kommen wir zur heute noch betriebenen **Gaststätte „Zum Dürnbräu“**. Hier wurde ausnahmsweise das Gründungsdatum der Brauerei irrtümlicherweise zurückdatiert, denn diese ist bereits seit dem Jahre 1482 (nicht 1487) auf diesem Grundstück nachweisbar und wurde 1607 nach dem Bräu Georg Dürr benannt. An der angrenzenden Hauswand ist, leider schon etwas verwittert, der 1986 angebrachte „Stammbaum“ der Spatenbiere dargestellt, einschließlich des Starkbieres „Optimator“.

Vom ehemaligen Dürnbräu aus führt unsere Biertour über die Ledererstraße zur Maderbräustraße. Benannt ist diese nach einer Brauerei aus dem Jahre 1482, die wie damals üblich von der Ledererstraße bis zum Tal hin reichte, und mit der die Geschichte des Münchner Weißbieres untrennbar verbunden ist. Georg Schneider und sein Sohn führten hier das Weißbier zu neuer Blüte, nachdem es zuvor beinahe wegen mangelnder Nachfrage „ausgestorben“ war. Der heute stehende Bierpalast wurde 1903/04 als **„Weißes Bräuhaus“** an Stelle der alten Brauereigebäude errichtet. Für eine jetzt willkommene „Zwischenmahlzeit“ bietet sich ein Besuch der traditionsreichen, kürzlich

Dürnbräu

Fotografie von 1935. Ehemalige Fassade im Tal, links der Eingang in die Dürnbräugasse.

mit hohem Aufwand komplett modernisierten Gaststätte an. Hier werden auch noch Münchner Raritäten wie Kron- und Wellfleisch gereicht. Und natürlich das Weißbier der Brauerei Schneider, die immer noch im Familienbetrieb in Kelheim Bier braut.

Nach Verlassen des „Weißen Bräuhauses" queren wir erneut das Tal hin zu jener Stelle, wo früher das Högerbräu lag, das vom Tal bis zur Westenriederstraße reichte. In den Jahren 1901/02 wurde auch diese Gaststätte im Stil der Gründerzeit umgebaut und erhielt eine ebenfalls ausgesprochen repräsentative Fassade. Das Gebäude wurde im Zweiten Weltkrieg leider komplett zerstört.

Ein Haus weiter führt der Weg hinter der Heiliggeistkirche auf das Gelände des heutigen **Viktualienmarktes**. An dieser Stelle lag seit dem Jahre 1208 das Heiliggeistspital, zu dessen ältesten Gebäuden die eigene Brauerei gehörte. Diese lag auf dem südwestlichen Teil des Geländes, also in etwa gegenüber der heutigen Gaststätte „der Pschorr". Das dort gebraute Bier hatte in München einen besonders guten Ruf und zog eine große Klientel an Stammgästen in die Spital-Bräustube. Die Brauerei musste nach der Säkularisation wie das gesamte Spital dem hierher verlegten, immer größer werdenden Markt weichen. Die letzten Spitalgebäude wurden 1885 abgerissen.

Eine kleine Besonderheit inmitten des Viktualienmarktes aber knüpft zumindest an die alte Brautradition auf diesem Gelände an: der zentral gelegene Biergarten. Dieser wird als einziger im Stadtgebiet von allen Münchner Brauereien gemeinsam betrieben. Jede Brauerei kann dabei ein bestimmtes Kontingent Bier ausschenken, ist dieses verbraucht, kommt die nächste Brauerei an die Reihe. Dieser Brauch erinnert somit gewissermaßen noch ein wenig an die Märzenbierlose, wobei heute die Qualität des ausgeschenkten Biers nicht mehr in Frage steht. Ein hölzernes Schild über der Schänke zeigt die jeweilige „diensthabende" Brauerei an.

In ähnlicher Weise wird nur noch der Ausschank im Bier- und Oktoberfestmuseum geregelt, wobei hier allerdings neben den regelmäßig wechselnden Bieren der übrigen Brauereien das Augustinerbier immer angeboten wird. Betreiber des Museums ist nämlich die Edith-Haberland-Wagner-Stiftung, der auch die

Augustiner-Brauerei mehrheitlich gehört. Gemeinsam von allen Brauereien wurde auch der erste Maibaum für den Viktualienmarkt im Jahre 1962 gestiftet und errichtet, inzwischen steht der elfte Baum in Folge am Platze.

Vor allem im Sommer stellt ein Besuch dieses schattigen, wunderschönen Biergartens mit seinen etwa 500 Sitzplätzen ein einzigartiges Vergnügen dar, bei dem zu Münchner Bier alle erdenklichen Köstlichkeiten des berühmten Viktualienmarktes genossen werden können.

Frisch gestärkt setzen wir anschließend unseren Weg über das „Petersbergl" zur ältesten Pfarrkirche Münchens, der **Peterskirche**, fort. Alle zwei Jahre wird die Zunftfahne der Münchner Brauer am Brauertag hierhin vor den eigenen Braueraltar St. Florian gebracht. Links an der Kirche vorbei erreichen wir das Ostende des Rindermarkts, von dem aus wir bereits das **Ruffinihaus** sehen können. Dieser üppig dekorierte Prachtbau wurde von Gabriel von Seidl, einem Neffen des Spatenbräus Gabriel Sedlmayrs d. J., errichtet. Ein Fresko erinnert an das Ruffinitor, das früher an dieser Stelle stand und einer der erwähnten fünf Zugänge zur Inneren Stadt war.

Um das Ruffinihaus herum kommen wir zum Beginn der Sendlinger Straße und überqueren am Rappeneck (heute Sport-Scheck-Haus) den Färbergraben, der wie die Augustinerstraße dem Verlauf der ersten Stadtmauer folgt. Linker Hand lag hier an Stelle des heutigen Kaufhauses Konen zur Zeit des Patrizierbrauens der Bräustadel von Heinrich Marstaller. Dieser Braubetrieb wurde aber relativ bald eingestellt, danach wurde an dieser Stelle das Lebzelterei-Handwerk ausgeübt, woran eine Gedenktafel am Kaufhaus erinnert.

Etwas weiter in der Sendlinger Straße liegt auf der gegenüberliegenden Seite das Stammhaus der Hackerbrauerei. Auch deren Braubetrieb war im 19. Jahrhundert aus der Innenstadt in die Nähe der Hackerbrücke verlagert worden (heute Standort des Europäischen Patentamts). Die Brauereigebäude in der Sendlinger Straße wurden von Joseph Pschorr nach einem verheerenden Brand 1825 abgerissen und an ihrer Stelle der heute noch bestehende repräsentative Neubau errichtet. Hacker-Pschorr-Bier wird seit dem Zusammenschluss mit der Paulanerbrauerei nur noch auf deren Gelände in der Au gebraut. Die frisch renovierte Gaststätte bietet eine willkommene Gelegenheit, beim Genuss eines Hacker-Pschorr-Bieres zahlreiche Zeitzeugnisse in Form alter Fotografien und Schilder zu betrachten und in der Speisekarte auch ein Abbild der schönen Coletta zu bewundern.

Vom Hackerbräu aus treten wir wieder zurück in die Sendlinger Straße. Von der einstigen Fülle der 18 Brauereien, die in dieser Straße einmal zum Teil Tür an Tür lagen, ist außer dem Namen des Singlspielerhauses (und der gleichnamigen Seiten-

Pschorr- und Hacker-Brauerei

Luftbild, um 1920. Die Hackerbrücke überquert die Gleise knapp außerhalb des Bildes rechts. Etwas rechts der Bildmitte ist der große rechteckige Gebäudekomplex abgebildet, der auf den Grundmauern der ehemaligen Bierfestung von Joseph Pschorr erbaut wurde. Gut ist die senkrecht verlaufende Trennung dieses Ensembles zu erkennen, die die Grenze zwischen der größeren Pschorrbrauerei links und der Hackerbrauerei rechts markiert

gasse) nichts geblieben. Wir biegen daher nach rechts in die Hackenstraße ab, die uns weiter zur Brunnstraße führt. Gleich am Beginn lag auf der linken Seite ehemals die Kreuzbrauerei, welche traditionell auch die Herberge für die Schäffler, sprich Fassmacher, war und damit zum Ausgangspunkt des berühmten Schäffler-Tanzes wurde. Erstmalig im Jahre 1517 nach einer überstandenen Pestepidemie aufgeführt, findet dieser nur alle sieben Jahre statt. Lediglich anlässlich des Brauertages treten die Schäffler außerhalb ihres Turnus auf, was die enge Verbundenheit dieses Handwerks mit den Brauereien zeigt.

Die von den Schäfflern hergestellten Fässer mussten früher in mühsamer Handarbeit in den Brauereien ausgepicht werden, und zwar sowohl die großen Lagerfässer als auch die kleineren Transportfässer. Löste sich beim Ausschank ein Stück Pech und landete im Glas des Gastes, so hieß es: „Pech gehabt", was zumindest eine Erklärung für diese Redewendung liefern könnte. Das traditionsreiche Handwerk der Schäffler ist heute im Aussterben begriffen, da die Brauereien fast ausschließlich auf Aluminiumfässer oder Edelstahltanks umgestiegen sind und somit keine Holzfässer mehr benötigt werden.

Über die Damenstiftstraße kommen wir zum Altheimer Eck, wo schräg rechts gegenüber die Hausnummer 16 dem rückwärtigen Ende der ehemals hier gelegenen Pschorrbrauerei entspricht. Die Gedenktafel an dieser Stelle verweist auf die

Geburt des Münchner Komponisten Richard Strauss, der im Rückgebäude der Brauerei als Enkel des Brauers Georg Pschorr auf die Welt kam.

Nach links gewandt ziehen wir weiter in die Herzogspitalstraße und erreichen die Rückseite der **Augustiner Großgaststätten**. Nach der Säkularisation des Augustinerklosters wurde der privatisierte Braubetrieb auf dieses bis zur Neuhauser Straße reichende Grundstück verlegt. Der heutige Bierpalast wurde in den Jahren 1896/97 nach einem Plan von Emanuel von Seidl, ebenfalls Neffe Gabriel Sedlmayrs, errichtet, nachdem die Brauerei an das Gelände an der Landsberger Straße umgezogen war. Das Augustinerbier wird heute noch dort gebraut. Auf demselben Grundstück der Augustiner-Großgaststätten hier in der Innenstadt lag vormals auch die Brauerei der Familie Lerchl, deren Braugerechtigkeit die Grundlage für die Brauerei der Paulanermönche lieferte und 1718 auf deren Kloster in der Au verlagert wurde. Durch den Hintereingang betreten wir nun die Gaststät-

Schäfflerei in der Pschorrbrauerei

Fotografie, nach 1933

Pschorrbräubierhallen

Fotografie von 1914. Ansicht des Hintereingangs der Brauerei vom Altheimer Eck aus. In diesem Rückgebäude wurde der Komponist Richard Strauss geboren.

ten, und auch hier lohnt sich ein Besuch der diversen „Abteilungen" – sei es zünftig in der Schwemme, gediegen im Restaurant oder gemischt im Innenhof: überall lässt sich das Augustinerbier hervorragend genießen.

Durch den Haupteingang der Augustiner-Gaststätten erreichen wir die Neuhauser Straße. Nach links führt der Weg vorbei am Kaufhaus Oberpollinger, dessen Name auf eine im Jahre 1556 gegründete Brauerei zurückgeht. Durch das Karlstor kommen wir zum **Karlsplatz**, beide nach dem Kurfürsten Karl Theodor benannt. Im Volksmund jedoch wurde dieser Platz nie nach dem ungeliebten Herrscher, sondern stets „Stachus" genannt, nach einer Gaststätte, die schräg gegenüber auf dem Areal des heutigen Kaufhofs lag. Ein kleines Stück weiter in dieser Richtung lagen bis zum Jahre 1998 die legendären **Mathäser-Bierhallen**, in denen auch während der Revolutionsunruhen nach dem Ersten Weltkrieg die „Russnmass" erfunden wurde. Leider wird heute nur noch der Name in Form des Mathäser-Kinopalastes fortgeführt.

Im 19. Jahrhundert expandierten die verbliebenen Großbrauereien, die den Konzentrationsprozess im Braugewerbe überstanden hatten. Da die Platzverhältnisse in der Innenstadt hierfür nicht ausreichten, verlagerten sie wie beschrieben ihre Braustätten auf die Lagerkeller weit draußen vor der Stadt. Daher bietet sich zur Fortsetzung unserer Tour die Benutzung der Tram Nummer 16 oder 17 an. Nach kurzer Fahrt gelangen wir zwischen den Haltestellen Hopfenstraße und Hackerbrücke zu einem deutlichen natürlichen Anstieg des Geländes. Diese topografisch erhöhte Lage war für die Errichtung von tiefen unterirdischen Bierkellern notwendig, da im flachen Gelände der Bau tieferer Keller wegen des Grundwasserspiegels nicht möglich war.

Rechter Hand liegt hier der ehemalige **Bierkeller der Büchl-Brauerei**, der um 1812 als einer der imposantesten Lagerkeller seiner Zeit angelegt worden war. Der Keller wurde später an Gabriel Sedlmayr vom Spatenbräu verpachtet und lag

Mathäserbräu

Postkarte mit Ansicht der Gaststätte vom Innenhof aus, links die Brauereigebäude.

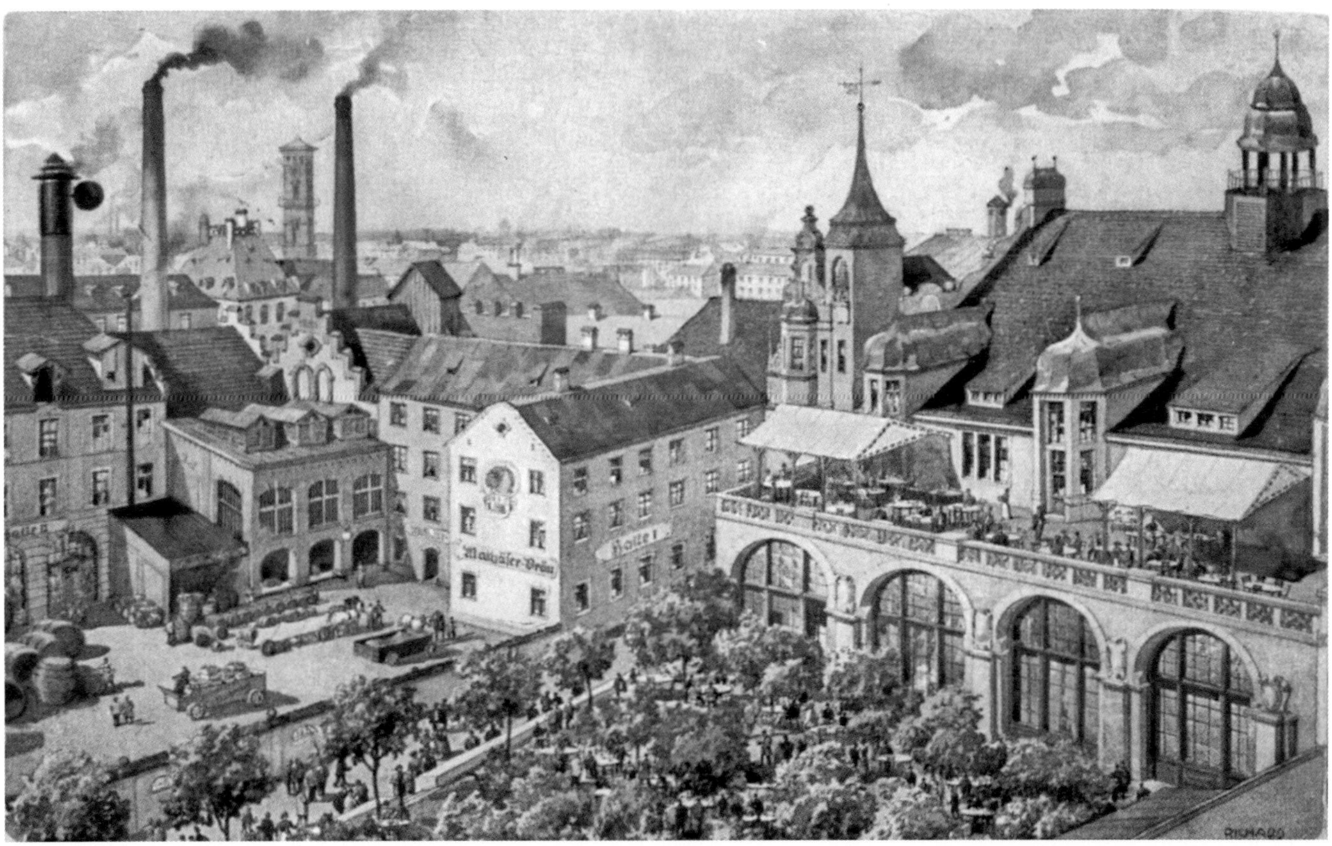

Augustiner-Keller

Grußpostkarte, um 1910.

damals gegenüber der Münchner Richtstätte am Marsfeld. Nachweislich mussten Sedlmayrs Kinder, die ja in der nahe gelegenen Spatenbrauerei aufwuchsen, bei Hinrichtungen stets einen Umweg beim Nachhauseweg von der Schule machen.

1862 wechselte der Keller erneut seinen Besitzer und kam an die Familie Wagner von der Augustiner-Brauerei, in deren Händen er noch heute liegt. Eine beliebte Attraktion war früher der sogenannte „Bierochse", der mittels seiner Muskelkraft ein Windensystem bediente, mit dem das Bier aus dem Keller nach oben befördert wurde. Dem Tier beim „Aufzugdrahn" zuzuschauen war bis Ende des 19. Jahrhunderts eine vielgeliebte Biergarten-Erheiterung.

Im Inneren der Gaststätte führt eine enge Wendeltreppe tief hinab in den Kellerbereich, der heute als Gastraum bewirtschaftet wird und einen hervorragenden Eindruck über die Dimensionen der Bierlagerhaltung früherer Zeiten vermittelt. Und mit dieser letzten Einkehr in die Traditionshallen des Augustinergartens schließt unsere Biertour auf den Spuren der historischen Entwicklung des Münchner Brauwesens.

Anhang

Glossar

auf der Gant . . . . in Konkurs gekommen

Aufschlag . . . . . . eine Art Biersteuer, die bereits im Mittelalter erhoben wurde

„Bayrisches Kleeblatt mit den drei goldenen Blättern“ Salzmonopol, Schweinemast und Brauwesen

Beham . . . . nach böhmischer Art gebrautes Bier

Beschau . . . . . . Prüfung des Bieres vor dessen Ausschank

Bierverschleiß . . . Bierverbrauch

„das schlägt dem Fass den Boden aus“ bezieht sich auf die Strafe für das Brauen von schlechtem Bier, bei der öffentlich das entsprechende Fass zerstört wurde

Eimer . . . . ca. 64 Mass

Eisen . . . . Gewinnung von Eis aus Seen/Kanälen für die Brauereien

fünftes Element . . . Bezeichnung Kreittmayrs für das bayerische Bier

Gastsetzung . . . . . Bewirtung von Gästen

Georgi . . . . 23. April (Beginn Sommersudverbot)

Gulden . . . . 240 Pfennige (früher reine Rechnungsgröße, d.h. keine geprägte Münze)

in grosso . . . . fassweise

in minuto . . . . . . massweise

Josephi . . . . 19. März (Starkbierperiode)

Kefeloher . . . . . . grauer, salzglasierter Steinzeug-Bierkrug aus der Gemeinde Keferloh östlich von München

Kreuzer . . . . 4 Pfennige (ab dem 16. Jahrhundert)

Landesherr . . . . . Herrscher eines Landes (in Bayern Herzog, Kurfürst oder König)

Lehen . . . . durch den Landesherrn verleihbares Recht

Mass . . . . 1,069 Liter

Michaeli . . . . . . 29. September (Ende Sommersudverbot)

Notdurft . . . . Eigenbedarf (an Bier), z.B. eines Klosters, Spitals oder des Hofes

officium praxationis Bräuamt, Zusammenschluss aller „Prewen“

Oktav . . . . Periode von ursprünglich acht Tagen (für den Starkbierausschank)

Pfennig . . . . Hauptzahlungsmittel im Mittelalter (aus Silber geprägt)

Prew . . . . selbstständiger Brauer, Mitglied des Bräuamtes

Prewmaister . . . . unselbstständiger Brauer (z.B. für geistliche oder adelige Brauereien)

Regal . . . . eine Art Nutzungsrecht des Landesherrn

Rentamt . . . . . . Verwaltungseinheit des Herzogtums bzw. Kurfürstentums

Rentmeister . . . . . für die gesamten Einkünfte/Verwaltung des Rentamts zuständig

Saccharometer . . . Messgerät zur Bestimmung der Dichte von Flüssigkeiten (beim Brauen des Stammwürzegehalts des Sudes), 1843 von Karl Joseph Napoleon Balling erfunden

Satz . . . . Bierpreis

Scheffel . . . . 222,36 Liter

verleit geben . . . . ausschenken

Viztum . . . . 1. Beamter der Landesherrn (von: „vicedominus“)

Fachbegriffe um den Brauvorgang sowie die Biersorten werden in den jeweiligen Kapiteln ausführlich erklärt.

Literatur

Bauer, Reinhard, Kleine Geschichte Münchens, München 2008

Bauer, Richard, Geschichte Münchens, Sonderausgabe München 2008

Bauer, Richard, Zu Gast im alten München. Erinnerungen an Hotels, Wirtschaften und Cafés. München 1982

Behrer, Christian, Das unterirdische München. Stadtkernarchäologie in der Bayerischen Landeshauptstadt, München 2001

Behringer, Wolfgang, Die Spaten-Brauerei 1397–1997. Die Geschichte eines Münchner Unternehmens vom Mittelalter bis zur Gegenwart, München 1997

Behringer, Wolfgang, Löwenbräu. Von den Anfängen des Münchner Brauwesens bis zur Gegenwart, München 1991

Burger, Hannes, 350 Jahre Paulaner-Salvator-Thomasbräu AG 1634-1984. Jubiläumsfestschrift. München 1984

Dering, Florian/ Eymold, Ursula, Bier * Oktoberfest Museum München, München 2007

Deuringer, Josef, Die Bierfrage in Bayern im Jahre 1861. Eine erschöpfende Abhandlung über dieselbe bei Gelegenheit des 50jährigen Jubiläums des Biersatz-Regulativs von 1811, München 1861

Gattinger, Karl, Bier und Landesherrschaft. Das Weißbiermonopol der Wittelsbacher unter Maximilian I. von Bayern, München 2007

Geschichtswerkstatt Neuhausen e.V., Brauereigeschichte(n) aus Neuhausen, Nymphenburg und Gern, München 2000

Heckhorn, Evelin/Wiehr, Hartmut (Hrsg.), München und sein Bier, München 1989

Hemmerle, Josef, Geschichte des Augustinerklosters in München, München-Pasing 1956

Institut Bavaricum München Zuber, Elfi (Hrsg.), Bürger schreiben für Bürger, Band 1–4, Nachdruck, München 2008

Jehle, Alfons, Rund um den Maischbottich. Altmünchner Geschichtsbilder von Bräuern, Bräuinnen und schönen Bräuerstöchtern, Regensburg 1949

Kreittmayr, Wiguleus Xaverius Aloisius Frhr. v., Anmerkungen über den Codicem Maximilianeum Bavaricum civilem ..., München 1761

Megele, Max, Baugeschichtlicher Atlas der Landeshauptstadt München. Westliche Vororte der Stadt. (Neue Schriftenreihe des Stadtarchivs München, Bd. 3) München 1951

Pasinger Fabrik (Hrsg.), Wirtshäuser in München um 1900, München 1997

Pschorrbräu, 1820–1970. 150 Jahre Pschorr Brauerei München. Festschrift zum 150jährigen Bestehen der Brauerei, München 1970

Riedner, Otto, Münchner Bier im Mittelalter, in: Zeitschrift für das gesamte Brauwesen, NF Jg. 40 (1917)

Sailer, Josef Benno, Münchener Bier-Chronik, München 1929

Schäder, Christian, Münchner Brauindustrie 1871–1945. Die wirtschaftsgeschichtliche Entwicklung eines Industriezweiges, Marburg 1999

Schlosser, Hans, Brauer und Braustätten in München. Zur Rechts- und Sozialgeschichte des spätmittelalterlichen Brauwesens, Ebelsbach 1981

Sedlmayr, Fritz, Die „prewen" Münchens. Seit 1363 bis zur Aufhebung der Lehensverleihung durch den Landesfürsten (1814), München 1969

Solleder, Fridolin, München im Mittelalter, München/Berlin 1938

Spengler, Karl, Münchner Lesebuch, München 1986

Stahleder, Erich, Gersten, Hopfen und Wasser. Das Münchner Reinheitsgebot von 1487 und das Reinheitsgebot von 1516 im Rahmen der bayerischen Braugeschichte, München 1987

Stahleder, Helmuth, Älteres Häuserbuch der Stadt München, Band 1–2, München 2006

Stahleder, Helmuth, Bierbrauer und ihre Braustätten. Ein Beitrag zur Gewerbetopographie Münchens im Mittelalter, in: OA 107 (1982)

Stahleder, Helmuth, Chronik der Stadt München Band 1–3, Ebenhausen-Hamburg 1995

Stankiewitz, Karl, Der Stachus. Wo München modern wurde, München 2006

Till, Wolfgang/ Weidner, Thomas, Typisch München, München 2008

Uhl, Bodo, Die Hofmarks- und Braurechte des Klosters Weihenstephan. Einige Anmerkungen zur Überlieferung und Fälschung von Urkunden Bischof Ottos I. von Freising, in: Sammelblatt des Historischen Vereins Freising 29 (1979)

Weithmann, Michael, Burgen in München. Mittelalterliche Burgen und Mauern, Tore und Türme in München und im Münchner Umland, München 2006

Wild, J., Aus meinem Leben und Schaffen in München und Berlin. Ein Beitrag zur technischen Entwicklung des deutschen Brauwesens, Berlin 1937

Brauereiregister

Sachregister

Namensregister

Bildnachweis

AKG-images 22
Assél/Huber 16, 18, 19, 25, 27, 29, 47 unten, 52, 55, 56 oben/unten, 57, 66, 103, 120, 122 unten, 156 links, 195
Augustiner Bräu München 20, 21, 104, 106 unten, 134, 135, 136, 137, 138, 139, 141 oben/unten
Bayerisches Hauptstaatsarchiv, Geheimes Hausarchiv 47 oben, 53
Bayerische Staatsgemäldesammlung München 126
Bayerisches Nationalmuseum 28, 48 unten, 197, 200
Bayerisches Wirtschaftsarchiv 123, 125, 128, 169
Bildarchiv Foto Marburg 111
Burger, Hannes, Paulaner-Salvator-Thomasbräu. 350 Jahre 40, 41
Edith-Haberland-Wagner-Stiftung 14, 63, 203
G. Schneider & Sohn GmbH, Private Weißbierbrauerei 115, 116, 140, 157, 193, 196, 205
G. Sedlmayr Spaten-Franziskaner-Bräu KGaA 144
Hacker-Pschorr Bräu GmbH 69 oben, 72, 130, 133, 207
Heckhorn, München und sein Bier 82
Inbev 37, 86, 87 oben, 89 oben, 92, 96 oben, 106 oben, 107, 129, 142, 143
Mairhörmann, Günter 38, 50, 71 unten, 96 unten, 180, 188
Megele, Baugeschichtlicher Atlas der Landeshauptstadt München 78
Münchner Stadtmuseum 17, 49, 71 oben, 80, 81, 83, 88, 89 unten, 90/91, 118 links, 121, 124, 127, 150, 154 links/rechts, 198/199, 210
Paulaner Brauerei 68
Rötzer, Michael 171
Sailer, Münchener Bierchronik 99
Stadtarchiv München 13, 15, 32, 35, 45, 54, 58, 59, 60, 69 unten, 70, 73, 74, 75, 77, 79, 87 unten, 93, 94/95, 97, 98, 101, 109 oben/unten, 110, 112, 117, 118 rechts, 119, 122 oben, 145, 152, 155, 156 rechts, 159, 160, 161, 162, 163, 167, 168, 170, 172, 173, 174, 175, 176, 177, 178, 179, 181, 182 oben/unten, 185, 186, 190, 204, 206, 208, 209
Stadtbibliothek Nürnberg 34
Verein Münchener Brauereien 24, 65
Zuber, Elfi, Das Kreuzviertel 164

Danksagung

Unser Dank gilt in erster Linie unserem Freund Helmut Petz, ohne dessen Anregung die Idee zu diesem Buch nie aufgekommen wäre.

Bei der Umsetzung durften wir uns stets auf die konstruktive Zusammenarbeit mit unserem Lektor Roland Hoffmann und unserem Verleger Michael Volk verlassen.

Für die freundliche und tatkräftige Unterstützung beim Bildmaterial danken wir Sabine Basmann von der InBev Deutschland, Christoph Bohning von der Paulaner Brauerei, Lukas Bulka vom Bier- und Oktoberfestmuseum, Ursula Eymold von der Augustiner Bräu Wagner KG, Otmar Mutzenbach vom Weißen Brauhaus, dem Fotografen Wolfang Pulfer und Sandra Sollinger von der Privaten Weissbierbrauerei G. Schneider & Sohn.